광야에 선 민족시인
이육사

광야에 선 민족시인 이육사

| 김희곤 지음 |

글을 시작하며

이육사를 말하면 누구나 민족시인이라 일컫는다. 민족의 양심을 지키고 살다간 시인이라는 말이다. 얼마나 그렇게 살기가 힘들었고, 또 그렇게 살다간 인물이 드물기에 그의 이름 앞에 민족시인이라는 말이 붙었을까. 대다수 문인들이 변절하여 친일의 물결에 휩쓸려갈 때, 황허의 도도한 탁류에도 버티고 선 중류지주中流砥柱처럼, 거센 물살을 거슬러 오르는 연어처럼, 그는 지조를 지키며 겨레의 가슴에 피가 흐르도록 만든 인물이다.

돌아보면 곳곳에서 선비의 고장이라 자랑한다. 그러면서도 정작 선비가 무엇인지 물어보면 답하기 힘들어 한다. 얼마 전 타계하신 조동걸 교수는 안동 하계마을에 세운 '하계마을독립운동기적비' 머리에, 한국 역사 5천 년에 가장 아름다운 말이 선비라고 규정하면서, 선비란 글을 사랑하고 의리와 규범을 세워 살아가는 사람이라고 썼다. 육사는 규범이라는 낱말을 '규모'라고 표현하였다.

어려운 난세일수록 쇠기둥 같은 규범이 세워져야 한다. 어느 시기에나 풀어야 할 과제가 있기 마련이고, 이를 시대적 과제라 부른다. 그 과제를 풀어가는 정신이 시대정신이다. 과제 가운데 가장 어려운 일이 빼앗긴 나라를 되찾는 일이다. 역사적 과제를 해결하려고 앞서 나가지 않는다면 의리와 규범을 세워 살아가는 선비가 아니다. 나라가 무너질 때 그것을 지탱하려고 몸부림치지 않았다면, 나라가 무너졌을 때 그것을 되살려 세우려고 몸 바치지 않았다면, 이는 결코 규범을 세워 살아간 선비가 아니다. 글도 사랑하지 않으면서, 규범을 세워 살아가지도 않으면서 선비랍시고 내세우는 꼴은 우습다.

육사는 두 가지 축이 만나는 곳에 서 있던 인물이다. 퇴계 직계 후손이자 그 정신을 잇는 날줄과 새롭게 들어와 터 잡기 시작한 근대문학이라는 씨줄이 만나는 곳, 그곳에 육사가 서 있었다. 퇴계가 사무사思無邪와 신기독愼其獨을 강조했듯이, 그는 늘 무엇이 옳은 것인가에 초점을 두고 살았다.

온통 이기주의가 판을 치고, 권력을 추구하는 이들이 편 가르기에 몰두하는 현실에서, 육사는 무엇이 바른 길이요 삶인지 가르쳐준다. 그는 「광야曠野」에서 겨레의 역사와 기개를, 「절정絕頂」에서 강하고도 올곧은 지조를 보여준다. 육사의 삶과 뜻을 찾는 이유가 거기에 있다.

대한민국 99년(2017)

김희곤

차례

글을 시작하며 4

- 백마 타고 온 초인, 이육사 8
- 육사가 태어난 원촌마을 12
- 퇴계 후손으로 강한 민족성을 키우며 자라다 19
- 전통학문과 신교육으로 올곧은 정신을 익히다 27
- 일본·중국으로 유학하며 민족의식을 키우다 41
- 장진홍의거에 엮여 첫 옥살이하다 55
- 민족시인의 첫 걸음 63
- 육사라는 이름이 가진 상징 75
- 의열단원 윤세주·김시현과 난징으로 가다 85
- 조선혁명군사정치간부학교를 졸업하다 103
- 상하이를 거쳐 국내로 123
- 글 쓰면서 펼친 사회활동 137
- 친일의 물결 헤치고 투쟁의 길로 163
- 다시 올 초인을 기다리며 184

이육사의 삶과 자취 191
참고문헌 196
찾아보기 197

백마 타고 온 초인,
이육사

광야曠野

까마득한 날에
하늘이 처음 열리고
어데 닭 우는 소리 들렷스랴

모든 산맥들이
바다를 연모戀慕해 휘달릴 때도
참아 이곳을 범犯하든 못하였으리라

끈임없는 광음光陰을
부지런한 계절이 픠여선 지고

큰 강물이 비로소 길을 열엇다

지금 눈 나리고
매화향기 홀로 아득하니
내 여기 가난한 노래의 씨를 뿌려라

다시 천고千古의 뒤에
백마타고 오는 초인이 있어
이 광야에서 목노아 부르게 하리라

육사는 일제 탄압이 극으로 치닫던 식민지 말기에「광야」를 썼다. 이 작품은 발표되지 못하고 숨겨져 있다가 해방된 지 넉 달 되던 1945년 12월 17일자 『자유신문自由新聞』에「꽃」과 함께 발표된 그의 유작遺作이다. 동생 이원조李源朝는 형이 남긴 유작 시 두 편을 실으면서 이렇게 썼다.

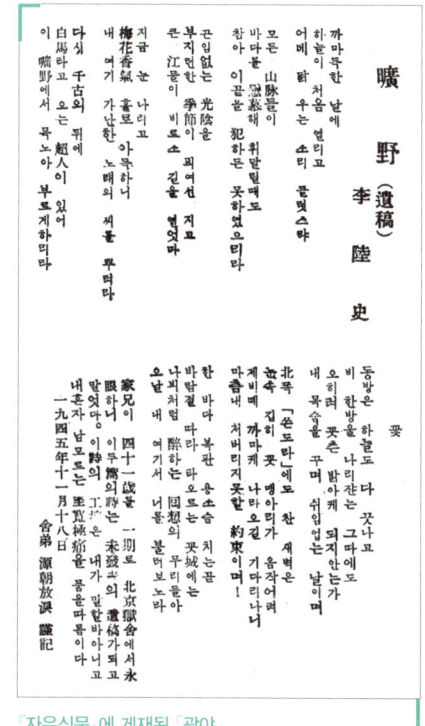

『자유신문』에 게재된「광야」

가형家兄이 41세를 일기一期로 북경옥사獄舍에서 영면永眠하니 이 두 편의 시는 미발표의 유고가 되고 말엇다. 이 시의 공졸工拙은 내가 말할 바가 아니고 내 혼자 남모르는 지관극통至寬極痛을 품을 따름이다.

눈물로 쓴 이원조의 후기는 읽는 이의 가슴을 저리게 만든다. 「광야」는 우리 겨레에게 던지는 육사의 유언이다. 그가 남기려던 마지막 메시지는 무엇이었을까? 숨죽이고 가만히 그의 마지막 말에 귀를 기울여 보자.

그는 우리 겨레에게 이렇게 말한다.
가난한 노래의 씨앗을 뿌리노니,
뒷날 백마 타고 오는 초인이여,
그 열매를 거두어 이 광야에서 목 놓아 부르소서!

그렇다면 그렇게 뿌려진 씨가 자라 열매를 맺는 날, 그것을 거두어 광야를 울리도록 노래할 초인은 언제 어디에서 만날 수 있나? 육사는 산맥도 차마 범하지 못한 그 광야에서 겨레의 양심을 지키며, 오로지 나라를 되살려내는, 곧 해방과 광복을 맞을 씨를 뿌려 놓았다. 끝없는 대륙 들판에 눈 내리는, 온통 잿빛 하늘인 전시체제의 암울함을 뚫고, 간절하고도 은밀하게 풍겨오는 매화향기를 따라 겨레가 되살아 일어서는 날, 어느 초인이 나타나 그 열매를 거두며 광야에서 목 놓아 노래하리라. 그렇다면 그 초인은 누구인가?

흔히 육사는 매화향기이면서 가난한 노래의 씨를 뿌린 사람이요, 초인은 해방된 민족을 뜻한다고 말해왔다. 물론 육사 스스로야 그렇게 생각하지도 않았겠지만, 필자가 헤아려보기에 초인은 다름 아닌 육사 자신이라 여겨진다. 겨레에게 고난을 이겨낼 용기와 광복을 향해 나아갈 자신감을, 또 결코 꺾이지 않을 투쟁성을, 한 줄기 강렬한 빛으로 내뿜은 인물이 바로 그였기 때문이다.

그는 '백마 타고 온 초인'으로서, 앞으로 다시 '백마 타고 올 초인'을 기다렸다. 누구나 다시 그러한 초인으로 나타나 겨레의 역사를 꾸며주기를 간절히 비는 마음을 여기에 담았는지도 모른다.

육사가 태어난 원촌마을

육사가 태어나 어린 시절을 보낸 고향은 안동시 도산면 원천리 881번지 원촌遠村마을이다. 안동 시내를 벗어나 북쪽으로 25km 올라가면 도산서원 입구 삼거리가 있고, 여기에서 도산서원 주차장까지 1.5km, 북쪽 언덕을 넘어 퇴계 이황 종가를 거쳐 하계마을까지 4km, 퇴계묘소 입구인 하계마을 갈래 길에서 '하계마을독립운동기적비'를 곁눈질하며 북쪽으로 언덕을 하나 넘으면 이육사문학관에 이른다. 이곳이 바로 육사가 태어난 원촌마을이다. 원천리라는 행정지명은 원촌과 이웃 천사川沙를 합쳐 지은 것이다.

원촌마을은 옛날에 '말맨데', 즉 말을 맨 곳이라는 뜻의 마계촌馬繫村으로 알려진다. 마을 뒤편 조금 가파른 골짜기를 마차골, 곧 말채찍 골짜기라는 뜻을 가진 마편곡馬鞭谷이라 부른 것도 이와 관련이 있다. 그러다가 '말맨데'가 '먼먼데'(원원대遠遠臺)로 바뀌고 한자로 표기하여 먼 곳,

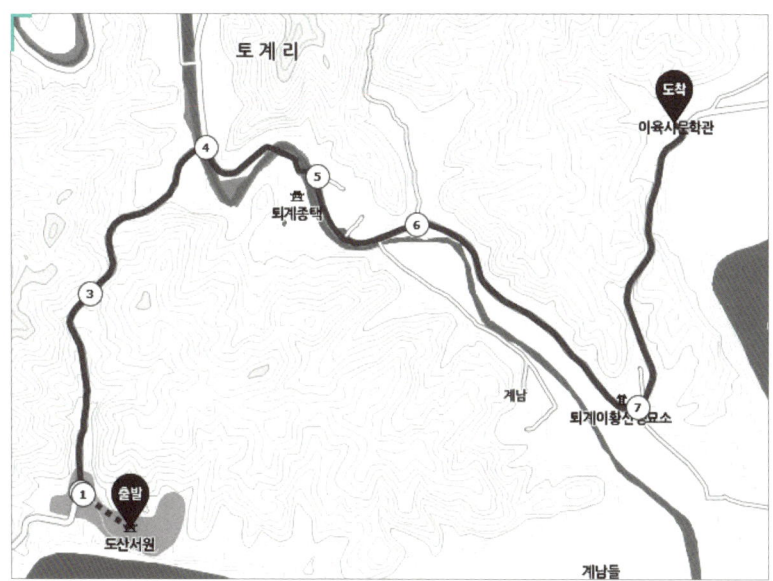

도산서원에서 원촌 가는 길

원촌 옛날 원경

즉 원촌이라 변한 듯하다. 앞서 이 마을에는 권씨가 살았던 모양이다. 처음 이 마을에 육사의 조상이 들어와 자리를 잡을 때 땅속에서 권씨습독천년와權氏習讀千年瓦라는 망와望瓦(용마루 끝에 세우는 암막새 기와)가 발굴되었다는 이야기로 미루어 보아 그렇다.

이 마을을 열어 나간 인물은 퇴계 이황李滉의 5세손이 되는 원대遠臺 이구李榘(1681~1761)이니, 육사의 9대조이다. 퇴계의 손자 영도詠道가 상계마을과 원촌마을 사이에 있는 하계下溪마을을 개척하였고, 다시 영도의 증손자 구가 징검다리 만들듯이 하계마을 다음에 원촌마을을 열었던 것이다. 이구가 살았던 때로 보아, 여기에 육사의 조상이 터를 잡은 때는 300년 정도 앞선 시기라고 생각된다.

마을로 들어서는 입구에 조그마한 언덕을 하나 넘게 되는데, 그 위에서 마을 입구까지 약 300m 남짓하다. 바로 그 언덕 위에서 동쪽을 바라보면, 오뚝하고도 아담한 산봉우리 하나가 눈길을 끄는데, 이것이 홍건적 침입 때 안동으로 피난한 공민왕의 어머니가 머물렀다는 이야기가 전해지는 왕모산王母山이다. 밟고 서 있는 언덕과 왕모산 사이에 낙동강이 내려 흐르고, 그 북쪽으로 마치 반달같이, 활처럼 휘어지는 산줄기가 굽어 든다. 그 아래에 터 잡은 마을이 원촌이다. 이렇게 삼면이 산으로 둘러싸여 있고, 남쪽으로 낙동강 맑은 물이 지나가고 있다. 또 남쪽 강 너머로도 산줄기가 멀리 가로놓여 있어서 사실상 남으로 흘러 내려가는 강어귀만 살짝 틈을 보이고 있을 뿐이다. 크게 보면 산이 둥글게 에워싼 곳 한가운데를 낙동강이 뚫고 지나는데, 바로 그 북쪽 반달 모양의 터에 원촌마을이 다소곳하게 자리 잡고 있다. 보기에 따라서는 꽉 막힌 곳이

육사의 생가 옛날 사진

복원된 생가 육우당

「청포도」 시비 조형물

이육사 동상

이육사문학관

지만, 태백산맥에서 흘러 내려오는 낙동강이 그 사이를 뚫고 지나가면서 시원하게 숨통을 터주고 있다.

육사는 시와 수필 곳곳에서 고향마을을 그려냈다. 그 가운데 수필 「계절의 오행五行」은 왕모산성에 얽힌 이야기를 담았다.

> 내 동리 동편에 왕모성王母城이라고 고려 공민왕이 그 모후母后를 뫼시고 몽진蒙塵하신 옛 성터로서 아직도 성지城址가 잇지만은 대개 우리 동리에 해가 뜰 때는 이 성城 우에서 뜨는 것

육사가 살던 그 시절에 이 마을은 백여 호가 살아가는 규모라고 알려진다. 「계절의 오행」에서 그는 '한 백여 호 되락마락한 곳'이라고 표현했다. 산간벽지 치고는 제법 큰 집성촌이었던 셈이다.

육사가 태어난 집은 현재 남아 있는 마을의 입구에 있었다. 경상북도 안동군 도산면 원촌동(현재 원천동) 881번지가 그 주소다. 그가 태어나고 어린 시절을 보낸 생가는 1975년 안동댐 건설을 앞두고 뜯어내서 안동 시내로 옮겨졌다. 다시 말하자면 생가 터는 댐이 만수가 될 때 물에 잠기는 지점이라서 없어졌다는 것이다. 그런데 지금은 그 자리에 「청포도」 시비가 세워져 있다. 수몰 대상 지역인 이 집터에 다시 흙을 부어 땅을 돋운 것이다.

그리고서 2004년 육사 탄생 100주년과 순국 60주기를 기려 바로 곁에 이육사문학관을 세웠고, 2016년 말에 다시 증축하면서, 문학관 범위 안에 그의 생가를 복원하였다. 안동 시내 태화동에 옛 생가가 남아 있지

만 본래의 모습과는 너무 다르게 배치되어 있어 차라리 옛 모습 그대로 다시 복원하는 편이 좋겠다는 판단에 따른 것이다.

퇴계 후손으로
강한 민족성을 키우며 자라다

육사는 1904년 음력 4월 4일(양력 5월 18일)에 태어났다. 그는 퇴계 이황의 14대손이요, 원촌마을을 열었던 이구李榘의 9대손으로 태어났다. 육사의 6대조 사은仕隱 이구운李龜雲이 문과에 급제하여 형조참판을 역임하였고, 고조부 이휘빈李彙斌은 통덕랑通德郎을 지냈으니, 그의 집이 글과 벼슬을 이어왔음을 알 수 있다. 그의 할아버지는 치헌痴軒 이중직李中稙, 아버지는 아은亞隱 이가호李家鎬였다. 할아버지는 일찍부터 그에게 글을 가르치면서 보문의숙寶文義塾에도 깊이 관여했다. 이 학교는 1909년 12월 진성 이씨가 도산서원 토지를 주요 재원으로 삼아 세운 문중학교이며, 중등 과정의 신식교육을 펼친 기관이었다.

육사의 집안은 저항성이 강했다. 하계와 원촌을 하나로 묶어 이해할 필요가 있을 정도로 이 두 마을의 저항성은 돋보인다. 근대사에 접어들 무렵 이 두 마을은 독립운동사에서 빛나는 인물들을 많이 배출하였다.

대개 학연과 지연 및 혈연에 따라 분류하면, 지역감정을 연상하여 부정적으로 평가하는 경우가 허다하지만, 출신지역이나 학맥에 따라 시대에 대처하는 양상은 분명 달랐다.

원촌마을과 하계마을은 항일투쟁에서 어느 곳보다 두드러졌다. 하계 출신으로 예안의병장을 지낸 이만도李晩燾는 나라가 무너지자 단식하여 순국하였다. 그의 동생, 아들과 며느리 그리고 손자들이 모두 항일투쟁사의 거목이 되었다. 원촌에서는 육사를 비롯하여 그의 형과 동생들이 모두 항일투사로 활약하였고, 3·1운동이나 6·10만세운동과 신사참배 반대운동까지 펼쳐나간 인물들이 이곳에서 집중적으로 배출되었다. 육사는 바로 그런 분위기에서 어린 시절부터 강직한 뜻을 세우며 자라났던 것이다.

친일적인 행위나 태도를 조금도 인정하지 않는 강직한 의식과 자세가 어느 날 갑자기 만들어지지는 않는다. 태어나고 자라나는 환경이 결정적으로 작용하게 마련이다. 육사도 이러한 사실을 수필 「계절의 오행」에서 "무서운 규모가 우리들을 키워주었습니다"라고 말하였다. 즉 규모라는 정신적 틀, 곧 전통적 규범이 이 마을을 하나로 묶어 두고 있었던 것이다. 그러므로 역사가들은 인물을 이야기할 때, 으레 출신과 교육 및 성장 환경 등을 따져보게 되는 것이다.

한편 육사의 어머니는 허길許吉이다. 육사의 외할아버지 범산凡山 허형許蘅은 의병장 출신인데, 항일투쟁사에 크게 이름을 날린 왕산旺山 허위許蔿의 사촌이다. 또 육사의 외숙들도 독립운동에 기여하였는데, 육사는 특히 일헌一軒 허규許珪의 영향을 크게 입었다. 그리고 외사촌 허은許銀

〈이가호 가계도〉

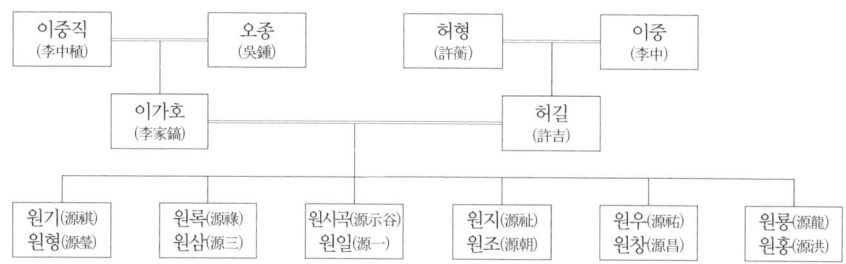

〈이육사 가계도〉

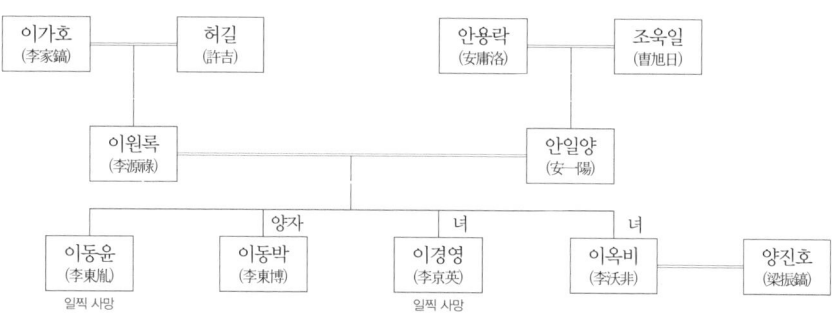

은 아버지 일창一蒼 허발許坡의 손에 끌려 만주로 갔다가 이병화李炳華의 아내가 되었다. 이준형은 대한민국 임시정부 초대 국무령을 지낸 석주石洲 이상룡李相龍의 손자다. 이처럼 육사의 외가 친척들은 대다수 망명하여 독립운동의 길을 걸었다. 그러다 보니 1908년 허위가 서대문형무소에서 사형으로 순국했을 때, 그 시신을 받아 장례를 치러낼 사람이 없을 지경이었나. 그 일을 맡아 나선 이가 허위의 가르침을 받았던 광복회 총사령 박상진이었다. 허위 집안은 망명했다가 광복 이후 대개 북한이나

육사의 어머니 허길

외숙 허규

소련에 거주하게 됨으로써 국내에 후손이 거의 남지 않았다. 그 가운데 『김일성정전 金日成正傳』을 쓴 러시아의 임은林隱 허웅배許雄培가 대표적인 인물이다. 육사와 촌수를 따진다면, 허웅배는 육사의 외3종제, 즉 8촌 동생이다.

이처럼 육사의 집안은 친가와 외가가 모두 강렬한 항일투쟁의 분위기를 갖고 있었다. 그 속에서 자라난 육사나 그의 형제들이 모두 그러한 성향을 갖는 것은 자연스러운 일이다.

육사는 여섯 형제 가운데 둘째로 태어났다. 맏형인 일하一荷 원기源祺, 동생인 수산水山 원일源一, 여천黎泉 원조源朝도 항일투쟁사에 이름을 남겼으니, 그러한 배경에는 출신 마을과 집안의 성향이 작용했던 것이다. 원기는 대구로 이사한 뒤 부모를 모시고 동생들을 거느리며 어려운 살림을 도맡았다. 그는 끊임없이 일을 펼치는 동생들의 뒷바라지를 위해 노력하였고, 그도 1927년 대구에서 터진 장진홍의거에 얽혀 옥살이를 했다. 동생들이 돌아가며 붙잡혀 들어가니, 원기도 마찬가지로 불려 다니지 않을 수 없었다. 그 가족들의 면면을 보여주는 자료로 1935년에 육사가 일본 경찰에 진술한 내용이 있다(「증인 이원록 신문조서」).

부친: 가호家鎬	당 59세,	모친: 허許씨	당 60세
형: 원기源祺	당 37세,	형수: 장張씨	당 35세
조카: 동환東煥	당 8세,	조카: 동휘東輝	당 5세
조카: 동녕東寧	당 3세,	조카: 동망東望	당 13세
아우: 원일源一	당 29세,	제수: 하河씨	당 28세
조카: 동탁東鐸	당 8세,	조카: 동선東宣	당 4세
아우: 원조源朝	당 27세,	제수: 이혜숙李惠淑	당 25세
아우: 원창源昌	당 22세		
아우: 원홍源洪	당 19세		

이들의 주소지가 대구부大邱府 남산정南山町(현 대구 남산동) 일대였다. 기록에 따라 1932년에는 662번지라거나, 1935년에는 243-20와 431번지 등도 나타난다. 그렇다고 하여 이들 모두가 한 집에 모여 산 것은 아니었다. 실제 662번지 집도 방 두 칸 남짓한 작은 집이었다. 따라서 이곳을 중심으로 삼아 가정을 꾸민 육사 형제들이 분가하여 살았다. 따라서 이곳은 육사의 부모와 형이 처음에 대구로 옮겨가서 자리를 잡은 곳이다. 넉넉하지 않은 살림에 가족이 많이 드나들던 상황에서 맏아들 원기의 몫은 무거웠던 셈이다.

셋째 원일도 여러 차례 투옥된 경력을 가진 인물인데, 특히 그는 글씨와 그림에 뛰어난 서화가書畵家로 이름이 높았다. 어려서부터 형제

이원기

이원조

들 사이에서 남다른 서화 솜씨를 보였고, 1920년에 대구로 이사가서는 서병오徐丙五를 스승으로 섬기면서 서화에 일가를 이루게 되었다.

넷째 원조는 뛰어난 평론가로서 이름을 드날렸다. 그는 1931년 도쿄 법정대학 불문학과를 졸업하였고, 프랑스 파리에서 열린 강화회의에서 김규식을 도와 활동했던 이관용李灌鎔의 사위가 되었다. 1928년 『조선일보』 신춘문예 시 분야에서 입선한 원조는 다음해에 소설 부문에서 가작에 뽑혔고, 1935년부터 1939년까지 『조선일보』 학예부 기자였는데, 홍기문洪起文(홍명희의 아들)을 이어 학예부장을 맡기도 했다. 광복 이후 조선문학가동맹을 조직하여 초대 서기장이 되고, 『현대일보』와 『해방일보』의 주필을 역임하던 그는 1947년 말에 월북하였고, 1953년 8월 남로당 숙청 때에 투옥되었다가 1955년에 옥사한 것으로 알려진다.

다섯째 원창은 『조선일보』 기자를 지냈다. 아마도 1935년이나 이듬해부터 인천지국에 근무한 것 같다. 1940년 8월 11일자 『조선일보』에 「기자로서 본 내 지방」이란 특집대담이 실렸는데, 원창이 인천특파원으

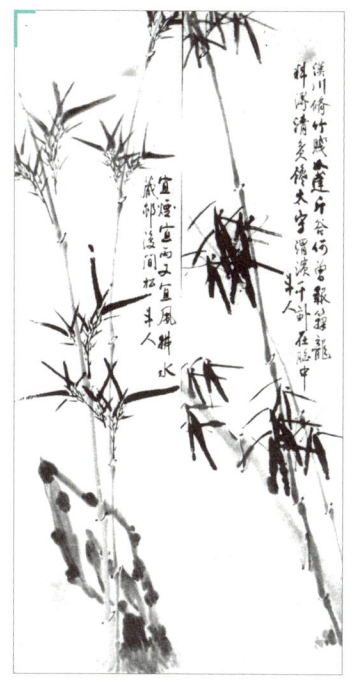
이원일 서화

원일, 원조, 원창 월미도 사진
원창이 『조선일보』 인천특파원을 지내던 시절

로 적혀 있다. 그 자리에서 원창은 "저는 기자생활 오 년인데, 무슨 인연인지 삼형제가 본사에 관계한 것은 잊을 수 없는 사실입니다"라고 느낌을 말했다. 이것은 육사와 원조에 이어 원창이 『조선일보』사에 근무한 일을 두고 말한 것이다. 원창은 해방 뒤 조봉암의 비서를 지냈다는 이야기도 육사의 딸 이옥비의 증언으로 알려지고 있다.

육사의 형제들은 그 우애가 대단하기로 소문이 났다고 알려진다. 장진홍의거로 감옥에 갇혔을 때 서로 책임을 떠맡으려 했고, 서울에서 시회를 열 때도 육사는 동생 원일·원조와 함께 어울렸다. 이러한 형제애를 만들어낸 바탕에는 어머니 허길의 가르침이 주요한 것 같다. 어머니는 일찍이 형제들이 너무 법도에 얽매이게 되면 우애를 해치게 되니 술과 담배를 함께하라 일렀다는 이야기가 집안에 전해지고 있다.

전통학문과 신교육으로
올곧은 정신을 익히다

사서삼경을 익히며 자라다

육사는 어릴 때 고향마을에서 형제들과 더불어 할아버지에게서 한학을 배웠다. 그는 "내 나이 여섯 살 때 소학小學을 배우고"라고 수필 「전조기剪爪記」에서 썼고, 동생들과 글 배우던 장면을 수필 「연인기戀印記」에서 다음과 같이 묘사하기도 했다.

우리가 시골 살던 때 우리집 사랑방 문갑文匣 속에는 항상 몇 봉의 인재印材(도장 재료 - 필자 주)가 들어 있었다. 그래서 나와 나의 아우 수산군水山君(원일 - 필자 주)과 여천군黎泉君(원조 - 필자 주)은 그것을 제각기 제 호號를 새겨서 제것을 만들 욕심을 가지고 한바탕씩 법석을 치면 할아버지께서는 웃으시며 "장래에 어느 놈이나 글 잘하고 서화書畵 잘하는 놈에게 준다"고 하셔서 놀고저운(놀고 싶은 - 필자 주) 마음은 불현듯 하면서도 뻔히 아는 글을 한 번 더 읽고 글씨도 써보곤 했으나 나와 여천黎泉은 글씨를 쓰면 수산水山을 당치 못했고 인재印材는 장래에 수산에게 돌아갈 것이 뻔한 일이었다.

할아버지가 아끼던 도장 재료를 상품으로 내걸고 손자들을 경쟁시킨 것이다. 그럴 때 동생 원일이 이미 어린 시절부터 서화에 빼어난 재능을 가지고 있었다고 육사는 표현하였으니, 원일의 타고난 솜씨를 헤아릴 수 있다.

육사가 한문을 배우는 장면은 「은하수銀河水」라는 수필에 그 과정이 잘 묘사되어 있다. 동네에서 글을 배우고 짓고, 『고문진보古文眞寶』나 『팔대가八大家』 등을 읽고서 다음 단계로 경서를 외워가는 이야기가 잔잔히 나열되어 있다. 십여 세 남짓했을 때 경서를 전질全帙 외우는 고역으로 긴긴 가을밤에 책과 씨름하고 밤 한시가 넘어 삼태성三台星이 은하수를 건너는 장면을 수채화 그리듯이 적어나갔다.

숲 사이로 무수無數한 유성流星같이 흘러다니든 그 고흔 반딧불이 차츰 없어질 때에 가을벌레의 찬소리가 뜰로 하나 가득 차고 우리의 일과日課도 달러지는 것이였다. 여태가지 읽든 외집外集을 덮어치우고 등잔燈盞불 밑헤서 또다시 경서經書를 읽기 시작하는 것이였고 그 경서經書는 읽는 대로 연송連誦을 해야만 10월 중순부터 매월每月 초하루 보름으로 있는 강강講을 낙제落第치 안는 것이였다. 그런데 이 강강이라는 것도 벌서 경서經書를 읽는 처지면 중용中庸이나 대학大學이면 단권책單卷冊이니까 그다지 힘드지 않으나마 논어論語나 맹자孟子나 시전詩傳 서전書傳을 읽은 선비라면 어느 권卷에 무슨 장章이 날른지 모르니까, 전질全帙을 다 외우지 않으면 안 됨으로 여간 힘드는 일이 아니였다.

이 글을 통해 그가 배운 한문 수준이 고급과정을 돌파한 것임을 알 수 있다. 이러한 과정에서 할아버지의 가르침과 영향이 얼마나 컸을 것인지는 따로 이야기할 필요가 없다. 또 「연인기」에서도 그는 중용과 대학도 배웠다고 적었다. 그리고 육사와 같이 한문을 공부했던 옆집 친척이자 동기인 이원발이 "육사가 사서四書를 모두 마쳤다"고 증언하였던 것으로 보아, 이것 또한 육사의 한문 수학 수준이 높았음을 말해준다. 또 그가 1935년 일본 경찰에 진술할 때 종교를 유교라고 답하게 된 이유도 이러한 성장 환경에 바탕을 둔 것이다(「증인 李源祿 신문조서」).

보문의숙을 거쳐 도산공립보통학교를 가다

그가 받은 신식교육은 고향에 세워진 보문의숙寶文義塾을 다닌 데서 시작하였다고 전해진다. 보문의숙은 1909년 12월에 설립되었는데, 정식으로 인정된 것은 아마도 1910년 1월에 들어서였던 것 같다. 이 학교는 진성이씨의 문중학교였다. 즉 이 학교는 퇴계의 13대 종손인 이충호李忠鎬와 경주댁이라는 택호를 가진 이상호李尙鎬가 주도하고, 이중태·이중한·이중규·이중렬 등이 힘을 모아 설립하였기 때문이다. 더구나 이 학교의 재원으로 도산서원의 토지가 상당수 투입되기도 했다.

보문의숙은 모든 재산을 투자하여 공립학교 설립 인가를 받고 도산陶山공립보통학교로 바뀌었다. 1918년 4월 1일 도산공립보통학교가 보문의숙 학생들을 각 학년에 편제해 문을 열었다. 4월 말에 학생이 98명이었다는 사실에서 이들 대다수가 보문의숙 출신으로 여겨진다. 학교가 바뀌면서 학생만이 아니라 교사도 함께 옮겨갔다. 즉 1916년부터 보문의숙에 촉탁교원으로 근무하고 있던 오창수吳昶洙와 나리타成田竹次郎도 재학생들과 더불어 편입된 것이다.

육사는 보문의숙을 다니다가 도산공립보통학교로 편입되어 1회로 졸업했다고 전해진다. 하지만 도산공립보통학교 1회 졸업생 명부에서 그의 이름을 찾을 길이 없다. 졸업생 명부가 온전하게 남아 있지 않아서, 그의 이름이 빠진 듯하다.

졸업생 명부에 보이지 않아도 그가 이 학교를 졸업했다는 사실을 알려주는 자료는 있다. 그의 진술을 토대로 작성되었을 일제 경찰의 자료에는 1920년에 본적지의 공립보통학교, 즉 도산공립보통학교를 졸업했다고 기록되어 있고, 그가 직접 "본적지에서 도산공립보통학교를 졸업했다"고 말한 신문조서 내용도 있다(「李活 신문조서」). 또 육사를 1회 동기생으로 증언하는 졸업생이 있어서 그 사실을 인정할 만하다. 그런데 한 가지 의문은 그가 1회 졸업생이라면 졸업 연도가 1920년이 아니라 1919년이어야 하는데, 그렇다면 일본 경찰의 기록에 1년의 착오가 있거나 3·1운동으로 말미암아 여러 가지 혼선이 빚어진 때문이 아닌가 한다. 실제로 도시 학교들도 3·1운동으로 휴교 기간이 길어진 경우 학적부 기록은 상당히 혼란스럽기 때문이다.

대구로 이사하다

그의 집안은 1916년에 조부가 별세하면서 가세가 기울기 시작한 것으로 전해진다. 원촌에서 도산공립보통학교를 마친 육사는 만 16세가 되던 1920년, 형제들과 함께 대구로 나갔다. 육사의 딸 이옥비는 아버지가 원촌에서 혼인하고, 바로 그해에 대구로 옮겨갔다고 증언한다. 다만 모든 가족이 대구로 이사한 것은 아니었다. 여자들은 원촌에서 10km 정도 서쪽에 있는 안동시 녹전면祿轉面 신평리新坪里 둠벌이(둔번촌遁煩村)로 이사하였다. 그러다가 나머지 가족들도 다음 기회에 대구로 이사하였는데, 1930년대 초 경찰 문건에는 육사 가족들의 거주지가 대구부大邱府 남산정南山町 일대로 적혀 있다. 따라서 1920년대에 그의 가족들이 대구시 남산동과 안동시 녹전면 신평 둠벌이로 나뉘어 살다가 대구로 모두 합류하였던 셈이다. 자료에 나타나는 육사와 가족의 주소지는 다음처럼 여러 가지다.

　　1928년 대구부 신정 90 - 1(이원기 형사기록부)
　　1929년 남산정 662 - 35(매일신보)
　　1931년 남산정 662(형사기록부)
　　1935년 남산정 243 - 20(5월 1일, 이가호 편지), 431(8월 12일)

육사가 살았던 대구집

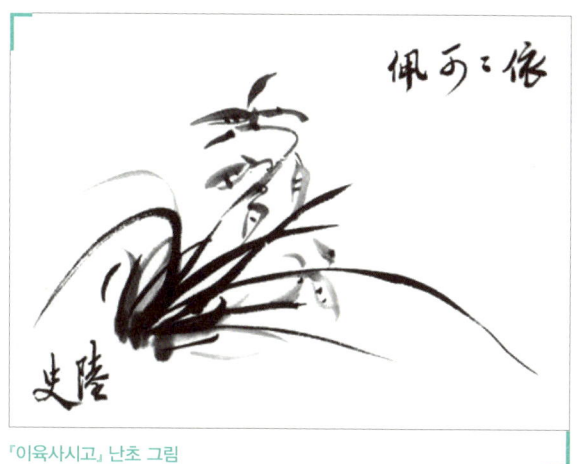

「이육사시고」 난초 그림

　대구에서 그는 얼마 동안 서화가로 이름 높던 석재石齋 서병오徐丙五에게서 그림을 배웠다. 이미 그는 열 살을 전후하여 고향집에서 도장 재료를 상품으로 받아볼 욕심에 집안의 당화唐畵를 모조리 내놓고 그림 연습을 하기도 했었다. 이 역시 「연인기」에 나오는 대목이다.

　나와 여천黎泉(원조 - 필자 주)은 글씨를 쓰면 수산水山(원일 - 필자 주)을 당치 못했고 인재印材는 장래에 수산水山에게 돌아갈 것이 뻔한 일이었다. 그래서 나는 글씨 쓰길 단념하고 화가가 되려고 장방에 있는 당화唐畵를 모조리 내놓고 실로 열심으로 그림을 배워본 일도 있었다.

　여기에서 배운 서화 실력이 비록 완성된 경지에 이르지는 못했지만, 육사의 그림 솜씨는 그 흔적을 보여주고 있다. 가장 친하게 지냈던 시인 신석초는 육사가 "붓을 들면 글씨도 능하였고 난초나 매화 절지 따위도 곧잘 그렸었다"고 회상했다. 실제로 그가 남긴 난초 그림 두 점이 확인되는데, 그 가운데 하나는 시집 간행을 준비하면서 『이육사시고李陸史詩稿』라는 책 표지 디자인에 들어간 난초 그림이다.

결혼하고 처가에서 다닌 백학학원

육사는 1920년 봄 대구로 옮겨 가기에 앞서 영천군 화북면華北面 오동梧洞의 대지주 안용락安庸洛과 조욱일曺旭日의 딸인 안일양安一陽과 혼인하였다. 그런데 그는 혼인을 선뜻 받아들이지 않았다. 아마도 신교육에 대한 열망이 강했기 때문일 것이다. 안동 원촌마을에서 자랐어도 도산공립보통학교를 다니면서 새로운 바깥 세계에 눈을 뜨고, 또 거기에 대한 열망을 가졌던 것이다. 몇 년 지나지 않아 그가 줄곧 해외 유학을 추구했던 사실에서 그러한 가능성을 읽을 수 있다. 따라서 신교육과 더불어 신여성을 선택하고 싶은 마음도 갖고 있었으리라 짐작된다. 하지만 전통여성과 혼인을 강요하는 '부친의 엄명'을 거역할 수 없어서 어쩔 수 없이 받아들였다. 이렇게 강요된 혼인은 끝내 육사가 가정생활에 만족하지 못하는 하나의 원인으로 작용한 것 같다.

1920년 대구로 이사한 육사 형제들은 남산정 일대를 중심으로 살았다. 그런데 살림살이는 꽤나 '빈곤'한 처지였다. 육사는 1934년 경찰 심문에 부모와 형제 모두가 함께 살면서 전체 수입이 100원 정도로 보통 생계를 유지하고 있다고 진술한 점으로 미루어 보면, 그리 넉넉한 살림

처가마을 영천면 화북면 오동마을

은 아니었다. 일본 경찰도 '자산이 없고 생활이 빈곤함'이라고 조사 결과를 기록하였다(「李源祿 소행조서」). 그런 형편이었으니, 육사가 혼인을 늦춘다는 것은 어려운 가정에 짐이 되는 일임에 분명했고, 아버지의 '혼인 강요'도 쉽게 이해되기도 한다.

육사 집안과 영천 화북 오동의 안씨 집안 사이에 혼인하는 범위, 즉 통혼권이 형성되어 있었는지는 알 수 없다. 그곳에 육사의 고향 원촌마을과 통혼권을 이루고 있던 창녕조씨 집안이 있어서, 이를 통해 연결된 것이 아닌가 짐작된다. 육사의 장인 안용락은 그 집안에서는 가장 부유하였고, 그래서 똑똑한 사위를 볼 수 있었다고 문중 사람들이 전하고 있다.

육사는 혼인한 뒤 장인이 학무위원으로 있던 영천시 화남면 안천리 백학학원白鶴學院을 다녔다. 이 학원은 퇴계 이황과 그의 제자 금계錦溪 황

육사의 아내 안일양

준량黃俊良을 모신 백학서원의 재산을 바탕으로 삼아 건립한 신교육기관이었다. 이를 주도한 사람은 창산倉山 조병건曺秉健인데, 그는 면우俛宇 곽종석郭鍾錫과 회당晦堂 장석영張錫英의 제자였다. 창녕조씨 문중의 힘과 지역민들의 힘으로 설립된 이 학원은 초등과정이었는데, 중등과정에 보내기 위한 예비교육과정으로 보습과도 함께 설치하기도 했다. 1924년도 「백학학원생도모집요강」을 보면, 제1학년 70명과 각 학년 보결생 약간 명, 중등학교 입학 준비를 위한 보통학교 4학년 졸업 정도 학생 50명을 보습과에 모집한다고 적혀 있다. 그렇다면 앞의 정규과정은 초등이고, 뒤의 보습과는 중등 예비과정이다. 육사가 다닌 과정은 바로 이 보습과였을 것이다. 왜냐하면 그가 이미 고향에서 보문의숙과 이를 이은 도산공립보통학교를 졸업하였기 때문이다.

그리고 육사가 이 학교에서 교원으로서 9개월 동안 학생들을 가르쳤다는 기록이 있다. 1934년 경찰에서 밝힌 그의 진술 내용에 들어 있는데, "19세 때 영천 사립 백학학원 교원으로 9개월간 근무했고, 다이쇼大正 13년(1924) 4월에 동경으로"라고 밝혔던 것이다. 그렇다면 1920년 혼인한 뒤 처가와 가까운 백학학원의 보습과를 마치고, 1923년 여름부터 교원으로 활약하였다는 말이 된다. 그리고서 1924년 4월 학기에 일본 유학길에 올랐다는 것으로 정리된다.

「모집요강」은 백학학원에 대한 중요한 정보를 담고 있다. 모집 취지문과 모집 내용, 학무위원과 학원장 및 강사 명단을 담고 있는데, 조병렬曺秉烈을 비롯한 학무위원 14명, 학원장 조병철曺秉哲 외 강사 7명이 포함되어 있다. 또 이 요강은 동기생이라 알려지던 이명석李命錫·서만달徐萬達은 강사였음을 밝혀주고 있다. 이들도 육사처럼 학생으로 다니다가 강사가 된 것이 아닌가 짐작된다. 그리고 시인 백기만白基萬도 잠시 교사로 근무했다는 이야기가 전해지지만, 그는 3·1운동 당시 대구고등보통학교 3학년으로서 활동하였으므로 이 당시에는 졸업한 뒤 교사였다고 정리하는 것이 옳겠다.

육사가 백학학원에 7~8개월간 부정기적으로 다녔다고 기록한 경우도 있고, 2년 동안 다녔다는 증언도 있다. 그런데 그가 1924년 일본으로 유학길에 올랐으므로 1921년부터 다녔다면 대개 1년 또는 2년 정도 이 학원에 다녔다고 추정할 수 있겠다. 그리고 그해에 대구 교남학교嶠南學校(대륜중고등학교 전신)에 입학하여 얼마 동안 다녔다는 이야기도 있지만, 믿을 만한 자료는 없다. 다만 그의 동생 원조가 이 학교를 다녔고, 그 내용이 졸업생 명부에 나와 있을 뿐이다.

그런데 백학학원 시절 그 누구보다 빼놓을 수 없는 만남이 조재만曺再萬(용찬瑢燦, 충환忠煥)과의 사귐이었다. 조재만은 육사가 일본 유학 이후 이정기李定基와 더불어 베이징 나들이에 함께 나선 인물이다. 조재만과 이정기가 호를 각각 백농白聾과 백아白啞, 곧 귀머거리와 벙어리를 호로 쓴 것은 두 사람의 유대관계를 말해준다. 조재만은 1921년에 대구에서 교남학교를 다니다가 백학학원이 설립되자 3학년에 편입되었고, 서울 휘

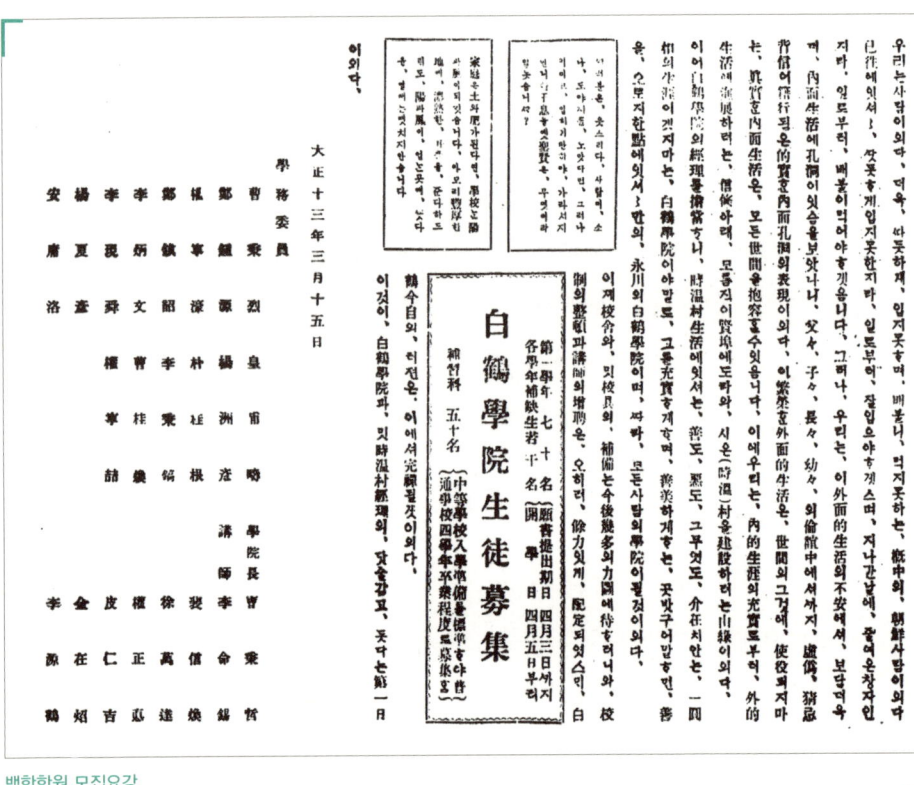

백학학원 모집요강

문고보徽文高普로 진학한 뒤 교장배척운동을 벌이다가 제적된 인물이다.

흥미로운 두 가지 이야기가 있다. 하나는 육사가 영천에 오기까지 상투를 틀고 있었다는 사실이다. 안동에서는 1907년에 협동학교協東學校가 중등과정으로 처음 생겨났고, 1910년 학생들을 단발시켰다. 이렇게 되자 그해 7월 최성천崔聖天·김재명金在明 등이 이끄는 예천지역 의병들이 협동학교를 기습하여 교감 김기수金箕壽, 교사 안상덕安商德, 서기 이종화

백학학원 남은 건물

서당 간판

李鍾華 등 3명을 살해하는 사건이 발생하기도 했다. 이는 그때까지 안동에서 상투를 유지하고 있는 경우가 많았음을 말해준다. 이런 분위기 속에 육사도 혼인하고 대구로 갈 때도 상투를 틀었고, 영천에서 백학학원을 다닐 무렵 비로소 상투를 잘랐던 것이다.

다른 하나는 신세대 선두주자 육사가 당시 안동학맥과 한주학맥 사이에 얼마간 존재했던 갈등관계를 자연스럽게 넘어서고 있었다는 사실이다. 전기의병 직후, 특히 1897년 무렵 안동의 유림은 성주의 한주寒洲 이

진상李震相을 계승하는 한주학맥과 불편한 관계를 가지고 있었다. 그런데 백학학원 설립자 조병건은 곽종석의 제자였으니, 한주학통인 셈이다. 그렇지만 육사가 백학학원에 진학하고 그곳에서 교편을 잡았다는 사실이 학통이나 학맥 차원에서 따질 일은 전혀 아니다. 다만 그가 그곳에서 학교를 다녔다는 사실 자체가 시대의 변화를 음미해 볼 수 있는 실마리를 제공하고 있다는 말이다. 일제의 침략과 강점, 대구로의 이주, 이러한 변화에 장인이 관여하는 신식학문기관에 그가 다니게 된 것은 무척 자연스런 일이었다. 그러므로 육사가 그러한 학맥에 얽힌 관계를 알든 모르든 간에 관계없이 매우 자연스럽게 한 겹 장막을 헤치고 나간 것이다.

일본·중국으로 유학하며
민족의식을 키우다

일본으로 유학

영천 처가에서 백학학원 강사로 있던 육사는 1923년 말쯤 부모와 형이 살고 있던 대구로 옮겨 살았다. 그리고 1924년 4월 일본 도쿄에 도착하고 1925년 1월 귀국했다(1934. 7. 17. 신문조서). 그러니 그가 일본에서 유학한 기간은 모두 9개월 정도 되는 셈이다.

그가 다닌 학교 이름이 기록에 따라 다르게 등장한다. 도쿄세이소쿠예비교東京正則豫備校와 니혼대학日本大學 문과 전문부를 다니다가 병으로 퇴학하였다는 일제 경찰 기록도 있고, 또 그의 「신문조서」에 간다구神田區 긴죠우錦城고등예비학교에 입학하여 1년간 재학했다는 진술도 있다. 또 일제의 다른 정보자료에는 '니혼대학大學 중퇴'라는 것도 있기도 하는데, 이것은 앞의 니혼대학 전문부를 가리키는 것으로 짐작된다.

도쿄세이소쿠영어학교와 긴죠우고등예비학교는 한국 청년들이 도쿄로 유학할 때 거치는 대표적인 학교였다. 식민지에서 중등과정을 거치더라도 학년 편제가 모자라서 일본에 가서 바로 대학을 갈 수 없었다. 따라서 반드시 대학 전문부라거나 고등예비학교 등을 거쳐야 했다. 의열투쟁사를 빛낸 문경 출신 박열朴烈이나 민족변호사로 이름을 떨친 이인李仁이 도쿄세이소쿠영어학교를 다닌 것도 이런 이유 때문이고, 따라서 실제로 이들 학교를 거친 인물이 많았다. 그런데 육사가 다닌 학교로 이들 두 학교가 모두 등장한다. 이해하기 힘든 일이지만, 막상 현장을 보면 조금은 이해된다. 이들 두 학교가 바로 곁에 붙어 있기 때문이다. 따라서 짧은 기간 동안 두 학교에 오갔거나 중복해서 다녔을 수도 있다. 하지만 그가 온전하게 졸업하지는 않았으므로 졸업생 명부에서는 확인되지 않고 있다.

1924년에 도쿄로 간 육사는 대개 아홉 달 정도 이들 학교를 다녔다. 그리고서 1925년 귀국하였다. 여러 기록에 따르면 건강 문제로 중도에 귀국했다고 알려진다. 그가 도쿄에서 학교생활에만 몰두했을지, 또는 다른 활동을 펼쳤는지 명확하지는 않다. 다만 그가 도쿄에 유학하기 한 해 앞서 '간토대진재'라 불리는 엄청난 사건이 벌어졌기 때문에 그저 학업에만 매달리지는 않았을 것이다. 육사가 도쿄에 가기 반년 앞선 9월 1일, 도쿄를 중심으로 하는 '간토' 지역에 엄청나게 큰 규모의 대지진이 덮쳤다. 이 재앙이 일어나자 일본 경찰은 "조선인이 불을 지르고 폭동을 일으키려 한다"고 허위소식을 퍼뜨렸고, 일본인으로 하여금 '자경단自警團'이라는 조직을 만들게 하였다. 지진이 난 지 이틀 후 박열이 구속되었

도쿄세이소쿠예비학교

고, 일본 경찰은 '보호검속'한다는 명분 아래 학교를 비롯한 대규모 건물에 한인들을 집결시킨 후 학살했다. 학살된 한인을 지금도 정확하게 파악하지 못하고 있지만, 적어도 1만 명은 넘었으리라 추정하고 있다.

간토대지진에 학살된 한인들의 원혼을 달래고 원수를 갚기 위해 일본으로 돌격한 인물이 육사와 같은 안동 출신인 의열단원 김지섭金祉燮이었다. 1924년 1월 5일 일본 왕궁 입구 다리인 니주바시二重橋에 폭탄을 던진 거사가 벌어진 것이다. 폐허가 된 도쿄에, 그것도 김지섭의거가 터진 바로 뒤에 갔으니, 육사가 그저 학교만 다녔을 리는 없어 보인다.

육사가 아나키즘 운동에 가담했다는 정도의 이야기는 전해지고 있다. 일본에서 활약한 노동운동가인 김태엽金泰燁은 『항일조선인抗日朝鮮人의 증언』에서 육사가 아나키스트 모임인 흑우회黑友會 회원이었다고 기록하였다.

긴죠우고등예비학교

흑우회의 본거지는 죠시가야구雜司ヶ谷區에 있었다. 회원으로서는 서상한·홍진유·최규종·김철·이육사(청포도의 시인, 베이징에서 사망 - 필자 주)·이기영·이홍근·김묵·이경순(시인)·박홍곤·박열·장상중, 그리고 일본인으로 조에이 이치로增永一郞·구리하라 이치난栗原一男 등이 있었다. 흑우회에서는 일본인 무정부주의자 이와사 사쿠타로岩佐作太郞·가토 이치부加藤一夫·니이이 타루新居格·이시카와 산시로石川三四郞 등을 밤에 초청해서 강의를 듣고 모자를 벗어서 돈을 걷어 다화회茶話會를 열곤 했다.

하지만 이렇게 육사를 이야기한 김태엽은 스스로 육사를 일본에서 한 차례도 만난 일이 없던 인물이다. 그런데도 이처럼 회고한 것을 보면, 육사가 일본에 있던 동안 아나키즘에 접합되기 시작했을 가능성은 있을 것 같다. 만약 그가 아나키즘에 한쪽 발을 디뎠다면, 민족문제에 대한 심각한 번뇌를 비로소 경험하기 시작한 출발점이 되었을 것이다.

도쿄에서 한인들이 조직한 첫 신사상 단체가 1921년 11월에 결성된 흑도회黑濤會였다. 1922년 10월 이것이 사회주의와 아나키스트 계열로 나뉘면서, 후자는 흑우회를 결성하였고 1928년 1월에 흑우연맹으로 재편되기에 이르렀다. 육사가 일본에 갔던 1924년 4월에는 흑우회가 조직된 뒤였고, 그도 여기에 참가했다는 증언에서 그럴 가능성도 엿보인다. 아쉽게도 그것을 뒷받침할 만한 다른 자료들이 발견되지 않고 있다.

베이징 나들이

1925년에 육사는 일본에서 돌아오자마자 새로운 공간인 조양회관朝陽會館을 중심으로 움직였다. 조양회관은 육사가 아직 영천에서 백학학원을 다니고 있던 1922년 4월 동암東庵 서상일徐相日이 앞장서고, 착공한 지 7개월 만에 준공되었다. 이 회관에 1,000명을 수용할 수 있는 대강당이 있었고, 도서실·오락실·편집국·사진관과 같은 시설과 조직이 갖추어져 있어 새로운 문화집회가 가능하였다. 더구나 여기에 대구구락부·동아일보지국·청년회·대구운동협회·대구여자청년회·농촌사 등이 사무실을 열었다. 그때 육사와 함께 활동했던 언론인 김진화金鎭和는 "1925년

조양회관 현재 사진

부터 10년 동안 이 건물 2층에서 영화를 상영했다"고 전했다. 더구나 1927년에는 신간회 대구지회가 이곳에 터를 잡았으니, 이 건물은 대구의 진보적인 문화공간이었다. 그렇기 때문에 1940년 일본이 태평양전쟁을 시작하자마자 이를 폐쇄시켜버렸다. 그 속에 있던 『동아일보』 대구지국도 『동아일보』의 폐간과 함께 사라졌다. 뒷날 광복을 맞을 때, 일본왕의 항복 방송을 가장 먼저 듣고 거리로 뛰쳐나와 만세를 부른 이들도 이곳 조양회관에 모여 있던 청년들이었다.

육사가 이곳을 중심으로 머문 시기는 대개 1년 반 정도였을 것이다. 그 뒤로도 중국에서 돌아오거나, 감옥에서 풀려난 뒤에 자주 들린 곳이지만, 그가 집중적으로 이곳에서 문화활동을 벌인 때는 일본 유학에서 돌아온 1925년과 그 이듬해였다. 육사는 귀국하자마자 이곳에서 청년들과 어울리며 나아갈 길을 가늠하였을 것이다.

육사가 독립운동의 길에 나서기 시작한 때는 일본에서 귀국하던 무렵이라 짐작된다. 그 시기가 바로 베이징 나들이 길에 오르기 시작하던 때

일 것이다. 육사는 일제 경찰에게 중국 대학으로 진학한 때를 1925년과 1926년이라는 두 해로 말했다. 아마도 이는 처음 베이징 나들이와 대학 진학 시기를 나누어 말한 데서 나온 것 같다.

그렇다면 그가 베이징으로 발길을 돌린 이유는 무엇일까. 그가 민족문제에 대해 눈을 뜬 배경에는 그의 집안 분위기가 깔려 있고, 일본에서 간토대진재 이후 무참하게 무너진 동포사회를 보았으며, 아나키스트들과 만나면서 민족문제에 적극적인 인식과 자세를 가지게 되었으리라 헤아려진다. 육사가 이처럼 독립운동의 길을 나서게 된 변환점에서 등장하는 인물이 이정기李定基였다. 경상북도 성주군 초전면 월항동에서 태어나 「파리장서」에 최연소 서명자로 기록된 인물인 이정기는 조부 이덕후李德厚와 함께 서명한 인물로 기록되었다. 이 거사에 대한 처리가 매듭지어진 뒤, 이정기는 다시 베이징을 드나들기 시작하였다. 그 길에 육사가 함께 나선 것이다. 그런데 이들의 관계는 2년 뒤 1927년 10월 장진홍의거張鎭弘義擧 추적 과정에서 고스란히 드러나게 되었다. 조선은행 대구지점 폭발 사건을 추적하던 일제 경찰이 주역인 장진홍을 파악하지 못한 채 대구를 중심으로 움직이던 청년들을 대거 잡아들여 고문하는 과정에서 육사와 이정기의 베이징 나들이 사실을 찾아내고 장진홍의거와 관련성을 억지로 만들어 덮어씌웠다. 육사가 장진홍의거에 직접 관련되었다는 경찰 주장은 날조된 것이지만, 이정기와 베이징을 드나든 사실만은 옳았다.

「대구조선은행폭탄사건예심결정서」(이하 「예심결정서」)에는 이정기가 베이징으로 가서 경상북도 고령 출신 남형우南亨祐·배병현裵炳鉉(본명 배천택裵

天澤)·김창숙金昌淑을 만났다고 적혀있다. 남형우와 배천택은 상하이에서 열린 국민대표회의(1923. 1~5)에 참가했다가 베이징에 머물고 있었다. 남형우는 국민대표회의 상하이기성회에 참가하였으나, 어떤 이유에서인지 몰라도 본회의 정식대표에는 빠졌고, 배천택은 서로군정서 대표로 참석하여 군사분과위원으로 활약하였던 인물이다. 또 이들은 1922년 5월에 다물단多勿團을 조직하였는데, 1924년과 다음해에 걸쳐 베이징에서 국내로 서동일徐東日을 보내 경북 일대에서 자금을 모으게 하였다. 그리고 배천택은 1926년 말에 민족유일당운동에 참여하여 대독립당베이징촉성회 집행위원을 맡게 된다.

한편 김창숙은 독립군기지를 건설하려는 계획을 세우고 있었다. 그는 1925년 초에 베이징에서 새로운 투쟁방향으로 독립군기지를 건설하기로 작정하고, 토지 구입에 필요한 자금 모집에 나섰던 것이다. 이것은 당시 안창호의 이상촌 건설 계획이나, 김구를 비롯한 대한민국 임시정부 중심의 한국노병회韓國勞兵會가 10년 기한을 잡고 독립전쟁 준비에 나선 것이나 같은 성격을 가졌다. 김창숙이 유학생을 활동 요원으로 삼아 국내로 파견하고, 그 자신도 1925년 7월 국내로 몰래 들어와 여덟 달 동안 대구를 중심으로 전국을 누비며 자금 모집에 나섰다. 독립운동계의 대표급 인물이 직접 국내로 침투하여 활동하였지만, 모금액은 목표에 크게 모자랄 뿐만 아니라 교통사고로 크게 다치기도 했다. 이에 김창숙은 중국으로 돌아가서 김구와 논의한 끝에 모금한 돈으로 무기를 사들여 나석주羅錫疇로 하여금 국내로 몰래 들어와 의열투쟁을 펼치게 하였다. 1926년 12월 28일 나석주가 서울 동양척식주식회사와 조선식산은행에 폭탄을 던지고 경찰과 시가전을 벌이다가 장렬하게 자결하는 거사는 바로 여기에서 비롯된 것이다.

이정기와 베이징으로 간 육사는 지도자들을 만나면서 독립운동에 본격적으로 발을 내디딘 것으로 짐작된다. 하지만 그가 뚜렷하게 어떠한 행동을 하였는지 파악되지 않는다. 이 무렵에 있었다는 또 다른 이야기도 전해진다. 육사와 이정기, 그리고

이정기

영천 출신 조재만이 중국에 한인군관학교를 설립하려고 자금 모집에 나섰다는 내용이다. 이정기의 외숙인 이완李俒이 중국 윈난성의 대세력가 리원치李文治의 사위이자 중국군 장군이었는데, 베이징에서 이완이 육사를 비롯한 이 청년들을 만나 동참을 요구했고, 또 이들이 여기에 참여했다는 이야기다. 이것은 조재만의 회상을 그의 아들이 들려주고 있는데, 근거 없지는 않으나 문제점도 많은 이야기이다. 이완이 이미 상당히 많은 자금을 모았지만 한인군관학교를 세우자면 먼저 한인들의 자금 모집이 필요하다는 논리 아래 육사와 조재만을 국내로 보냈다는 줄거리이다. 그런데 그때 이완과 김창숙은 사이가 틀어져 있있다. 김창숙은 「회상기」에서 쑨원孫文이 이끄는 광둥정부에서 요인들이 한국독립후원회를 조직하고 자금을 거두어 김창숙에게 주기로 했으나, 그 회계를 맡았던 리원치가 그의 사위 이완과 함께 사라져버렸고, 나중에 이를 추적하자 오히려 김창숙을 해치려고 요원을 파견하기도 했다고 적었다. 그러

니 육사로서는 이완을 더 이상 가까이 하지는 않았을 것 같다.

베이징에서 중궈대학中國大學에 다니다

육사는 베이징에서 대학을 다녔다. 유학한 사실만은 분명한데, 다만 학교와 학과에 대한 사실은 엇갈린다. 장진홍의거에 엮여 만들어진 「예심종결서」에는 그가 1926년 봄에 베이징을 다녀왔다고 한다. 그런데 1934년에 붙잡혀 작성된 「신문조서」에는 1925년 8월 무렵 중국으로 가서 "베이징의 중궈대학 사회학과에 입학하여 2년에 중퇴했고"라고 밝혔으니, 1927년 가을에 귀국할 때까지 중국에 머물렀다는 말이 된다. 그런데 여기에서 두 가지 의문이 생긴다. 하나는 정말 그가 베이징에 있던 '중궈대학 사회학과'를 다녔는가 하는 문제이다. 1956년에 나온 박훈산의 글에도 '베이징대학 사회과'를 나왔다고 적혀 있다. 친지들의 말이나, 또 그것을 바탕으로 조지훈이 쓴 '광야曠野 시비詩碑' 안내판에 그가 '베이징대학 사회학과'를 다녔다고 적혀 있다. 또 경찰이 작성한 「이원록 소행조서」에는 '중궈대학 상과'에 다녔다고도 한다. 정리하자면 자료에는 일단 그가 다닌 대학으로 베이징대학과 중궈대학이, 학과는 사회학과와 상과로 나뉘어 등장한다. 추적을 거듭해도 육사의 학적부를 찾지 못하는 가운데, 광저우 중산대학 학생 가운데 '이활'이란 이름이 있어 그를 육사로 추정하기도 했다. 그러던 가운데 2006년에 베이징에 중궈대학이 존재했던 사실이 확인되었다. 베이징 톈안먼 광장 서쪽에 있는 '제29중학교'가 옛 중궈대학임을 확인하고, 이 학교가 1949년에 폐교되었다는 사실을 알리면서 육사가 1925~1926년 사이 이 대학에 다닌 것으로 추정하는 보도가 나왔다. 그토록 확인하기 힘들던 이유가 바로 1949년에 문을 닫은 때문이라는 사실도 알게 되었다. 뒤를 이어 한국문학과 중국문학 전공자들의 연구가 잇달아 나오면서 새로운 정리가 이루어졌다. 원전에 주해를 붙여 이육사의 시전집을 발간한 것, 또 육사와 중궈대학의 관련성을 정밀하게 추적한 연구가 있다.

지금까지 발견되고 논의된 자료를 훑어보자. 이 자료들은 육사가 1932년 의열단이 난징에 문을 연 조선혁명정치군사간부학교에 제1기생으로 입교하여 훈련을 마친 뒤 국내로 침투했다가 1934년 붙들려 작성된 신문조서, 고향 도산면의 경찰이 작성한 정보문건, 그리고 육사가 뒷날 발표한 수필에서 베이징에 유학하던 시절을 회상한 글이다.

이들 자료에 나타나는 사실은 이렇게 정리된다.

　　1925년 8월경: 베이징으로 가서 베이징 중궈대학 사회학과 입학
　　　　　　　　(2년 중도 퇴학)
　　1926년 7월: 베이징 중궈대학 상과 입학(7개월)

이 어긋나는 사실은 두 가지로 해석된다. 하나는 1925년 베이징 중궈대학 사회학과, 1926년 중궈대학 상과 입학이라고 분리하는 것이고, 다른 하나는 1925년 베이징으로 갔다가 일시 귀국하고, 다시 1926년에 가서 중궈대학 상과에 입학한 것으로 연속시키는 것이다. 베이징대학 사회학과와 중궈대학 상과, 두 가지 상반되는 이야기는 일단 베이징의

육사의 베이징 유학 관련 자료

자료 시기	내 용
「이활 신문조서」 (1934. 6. 17)	1925년 8월경 중국으로 도항, 北京中國大學 사회학과에 입학하지만 2년만에 중도 퇴학, 1929년 5월부터 대구 중외일보 기자가 되어 약 1년간 근무하고 …… 취직을 목적으로 1932년 중국 …… 그 뒤 베이징 동성이조호동의 중국대학 재학중의 친구 중국인 조세강에 의탁하여 그곳에서 약 3주간을 체재했다 ……
「이원록 소행조서」 (1934. 7. 20)	1926년 7월에 중국으로 건너가, 北京中國大學商科에 입학하여 재학하기를 7개월 ……
의열단군관학교 관계자 씨명표(1934. 12)	1926년에 北平中國大學에 들어가 昭和2년에 중도 퇴학 歸鮮하였으며 ……
이육사 「계절의 오행」 (1938. 12. 24~28)	그때 나를 담당한 Y교수는 동경에서 문학을 공부한 사람으로 그의 작품에 '안작贗作'이란 것이 잇엇습니다. …… 그 독후감을 얘기햇더니 그는 조화라고 나를 붓들고 자기의 의견을 말한 뒤 고도古都의 가을바람이 한층 낙막落寞한 자금성을 끼고 돌면서 고서와 골품에 대한 얘기와 역대 중국의 비명에 대한 지식을 가라처 준 것이 인연이 되어 나는 그의 연구실을 자주 드나들게 되었나이다. … ……나와 한 반班에 있는 B에게 물어 보았더니 ……

중궈대학 상과로 좁혀지는 듯하다. 하지만 과제는 남는다. 해방 직후에 그를 아는 이들은 대부분 '베이징대학 사회학과'를 말했던 점, "삼촌들이 오면 항상 '아버지는 베이징대학 사회학과에 다녔다'고 외우도록 시켰다"는 딸 이옥비의 증언은 그냥 흘러버릴 일도 아니다. 따라서 중궈대학 학적부가 발견되지 않는 한, 베이징 유학의 구체적인 모습은 과제로 남는다.

중궈대학은 1913년 쑨원이 일본의 와세다대학을 본떠 설립한 구어민대학國民大學으로 시작되고, 1917년 중궈대학으로 이름을 바꾸었다.

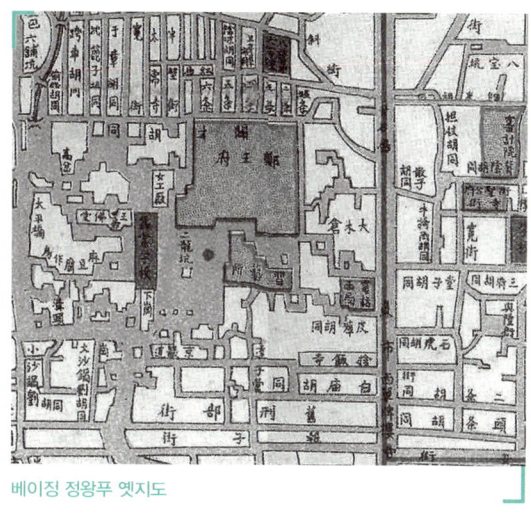
베이징 정왕푸 옛지도

1930년대에 잠시 베이핑중궈쉐위안北平中國學院이라고 바뀌기도 했지만, 일본군 강점 시기에도 인재를 길러내는 중심이었던 모양이다. 그러다가 1949년 중화인민공화국이 들어서면서 이 학교가 문을 닫고, 각 전공들은 흩어졌다. 그리고서 기억 속에 사라졌다. 이 학교는 본래 톈안먼天安門 광장 서쪽, 베이징시 시단西單 첸먼前門 시다제西大街 13호에 있었다. 그러다가 1925년 6월 좁은 곳을 벗어나 베이징 얼룽루二龙路 커우다이후퉁口袋胡同, 지금의 피쿠후퉁皮褲胡同 정왕푸鄭王府로 옮겼다. 지금은 그곳에 교육부가 자리잡고 있다. 그렇다면 육사는 바로 정왕푸 교사시절이 시작되던 시기에 이 학교를 다닌 셈이다.

정왕푸 자리에는 중국의 교육부가 들어서있다. 피츠후퉁闢才胡同, 교육부 뒤쪽인 따무창후퉁大木倉胡同 35호에 중국교육발전기금회 건물이 있

정왕푸 유적 정문

고, 그 입구 간판 앞에 베이징 시 문물보호단위(1984년 지정) 지정문이 걸려있는데, 바로 그 위에 정왕푸의 역사를 동판으로 새겨두고 있다. 쑨원이 문을 연 구어민대학이 이곳으로 옮겨 1925년 9월부터 1949년

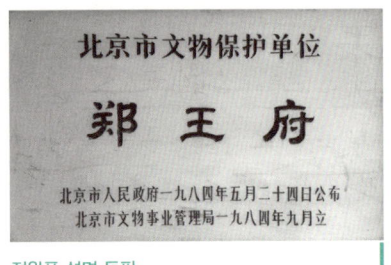

정왕푸 설명 동판

4월까지 유지된 중궈대학이 있었다는 내용이 담겨있다.

  육사는 수필 「계절의 오행」에서 어느 '반班'에 속했다고 적었다. 이것은 사회학과나 상과 가운데 어느 소속이었을 것이고, 일본에서 예과 과정을 다닌 점으로 보아 본과 과정을 다녔으리라 짐작된다.

장진홍의거에 엮여
첫 옥살이하다

육사가 처음으로 경찰에 붙잡혀 고생하기 시작한 때는 1927년 가을이었다. 10월 18일에 터진 장진홍의거에 엮여 들어가 1년 넘는 동안 고문과 옥살이로 이어진 것이 그가 일제에 항거하며 살아간 투쟁의 시작점이었다. 장진홍의거, 곧 조선은행 대구지점 폭발 거사가 터지기 앞서 그해 여름 육사는 귀국하였다. 조재만과 함께 돌아온 그 길이 유학생활을 완전히 마친 것인지, 또는 국내에서 무엇을 하려 했던 것인지는 확인되지 않는다. 그러던 가운데 얼마 지나지 않은 10월 18일 장진홍의거가 터졌다. 11시 50분에 조선은행 대구지점(대구 중앙로)에 신문지에 싸인 폭탄이 배달되었다. 무심히 이를 확인하던 직원이 화약심지가 타는 냄새에 놀라서 이를 길거리에 내놓았을 때, 폭탄이 작렬하였다. 이 폭발로 말미암아 일본 경찰과 은행원 5명이 중상을 당했고, 엄청난 폭음과 함께 은행 유리창이 70장 넘게 깨졌다. 그 파편과 연기가 대구역까지 날아가고

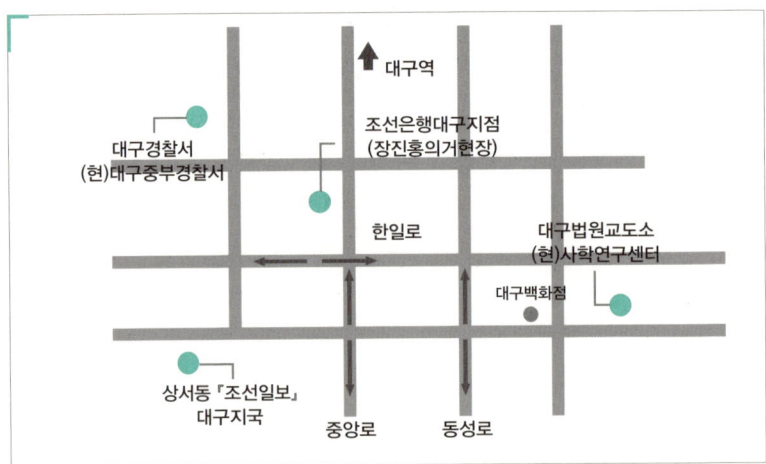

조선은행 대구지점과 대구경찰서, 법원, 형무소 지도

조선은행 대구지점

장진홍 판결 기사

덮었을 정도였다. 장진홍은 변장하고서 대구를 벗어났고, 제2차 계획을 수립하기 위해 노력하다가 다음 해 2월에 일본 오사카大阪에 살고 있던 동생집으로 가서 자취를 감추었다.

　이 의거가 터진 뒤, 일본 경찰은 거사를 일으킨 주역을 찾지 못하고 헤매기만 했다. 경찰 1,600명을 투입하고서도 실마리조차 잡지 못하자, 일경은 다급해져 당시 대구를 중심으로 활동하던 청년들 수백 명을 잡아들였다. 그리고 갖은 악랄한 고문 방법을 모두 동원하여 이들을 진범처럼 만들어 법정에 세웠다. 이에 따라 많은 청년들이 줄줄이 엮이어 들어갔다. 특히 육사 형제들도 대구경찰서에 잡혀 들어갔다. 경찰이 폭탄

장진홍의거 관련 신문 자료

당시의 대구경찰서

재판받던 대구지방법원

대구형무소

상자 겉면에 적힌 글씨가 육사의 동생 이원일의 필체와 비슷하다는 이유를 내걸고 붙잡아 들이는 바람에, 육사를 비롯하여 그의 형 원기, 동생 원일 등 3형제가 붙잡혔다. 또 육사와 같이 베이징을 다녀온 이정기나 조재만도 이로 말미암아 함께 검거되었다. 모진 고문으로 조작해낸 경찰과 검찰의 시나리오는 이 청년들을 모두 징역형으로 몰아갔다. 그 결과 육사의 형 원기만 한 달 남짓하여 풀려나고, 육사와 나머지 형제들은 미결수 상태로 고통을 겪는 세월을 보냈다. 한두 달 정도가 아니라 1년을 훨씬 넘겼던 것이다.

그러다가 장진홍이 끝내 추적을 당해 붙잡혔다. 거사가 터진 뒤 1년 4개월이 지난 1929년 2월 14일 장진홍이 일본 오사카에서 일경에 붙들린 것이다. 장진홍에 대한 조사가 진전됨에 따라 육사나 그의 형제들이

사건에 직접적인 관련이 없다는 사실이 드러나기 시작했다. 장진홍이 붙들린 지 석 달이나 더 지난 1929년 5월에 육사와 형제들은 감옥을 나왔다. 그렇다고 사건이 완전하게 마무리된 것은 아니었다. 이 보다 반년이 더 지난 12월 9일자로 대구지방법원에 의해 면소판결을 받았기 때문이다.

그가 석방된 이유가 참으로 걸작이다. "(검찰이) 공판에 회부한 범죄의 혐의가 없다"는 것인데, 그렇다면 1년 7개월 동안의 고문과 옥고는 도대체 무엇이었다는 말인가? 처음부터 육사를 비롯한 인물들은 장진홍의거에 아무런 관련이 없었던 것 같다. 그뿐만 아니라 육사 형제들이 장진홍의거에 참여한 것처럼 전해지지만, 사실상 근거가 없어 보인다. 일본 경찰이 사건을 제대로 파악하지 못하니, 거사에 가담했을 가능성이 있다고 추정되는 인물들을 모조리 잡아들인 것이다. 그리고 나서는 끼워 맞추기 수사를 벌이면서 갖은 만행을 저질렀다. 당시 중국에서 돌아온 지 얼마 되지 않은 육사도 그 바람에 위험인물로 분류되었는데, 달리 표현하자면 식민통치 아래에서 민족지성들이 겪는 전형적인 일이기도 했다.

사정이 어떻게 돌아가는 지도 모른 채, 그를 비롯한 청년 지사들은 혹독한 고문으로 만들어 붙여진 죄목에다가 억지로 꾸며진 시나리오로 너무나 오랜 세월을 감옥에서 보내야만 했다. 그것도 장진홍이 체포된 이후 3개월이 지나서야 비로소 풀려났으니, 이 모든 것이 바로 나라 잃은 민족이 겪게 되는 아픔이요 고통이었다.

한편 장진홍은 1930년 4월 24일 1심과 7월 21일 2심에서 각각 사형을 선고받았다. 그는 그러자 일제에 의해 욕된 죽음을 당하기보다 차라리 자결을 선택하였다. 1930년 7월 31일, 장진홍은 대구 감옥에서 자결하였다. 나라 위해 목숨을 던진 그의 기개가 돋보이는 장면이 아닐 수 없다. 석방된 뒤 대구에서 기자로 활동하고 있던 육사가 장진홍의 순국 사실을 들었을 때 만감이 교차했을 것이다. 그가 근무하던 신문사지국에서 대구감옥까지 걸어서 10분 남짓 거리밖에 되지 않았으니 더욱 그러했을 것이다.

장진홍은 1895년 칠곡군 인동면 문림리(현 구미시 인동동)에서 태어났다. 1914년에 조선보병대에 입대하였다가 1916년에 제대한 뒤 광복회에 가입했다고 전해진다. 1918년 광복회원 이내성李乃成의 소개장을 들고 만주 선양으로 가서 김정묵金正黙·이국필李國弼과 만나고, 이국필과 함께 하바롭스크로 가서, 한인 78명에게 몇 달 동안 군사훈련을 시킨 뒤 일단 귀국하였다. 1919년 7월에는 인천항에 입항한 미국군함 승무원 김상철金相晳에게 3·1운동에 대한 조사 결과를 기록한 수첩을 건네주면서 미국에 가서 널리 알릴 것을 주문하였다. 1926년 12월부터 이내성과 다시 어울리면서 공산주의 사조에 접근하였고, 그와 더불어 거사를 준비해 나갔다고 알려진다. 13~14년 동안 민족문제를 해결하기 위해 살다 35세라는 한창 나이에 순국한 것이다.

민족시인의 첫 걸음

'민족시인'의 첫 걸음을 내딛다

1929년 5월, 그는 1년 7개월 동안 억울한 옥고를 치르고 나왔다. 그리고 12월 9일 면소판결이 있었다. 참으로 억울하기 짝이 없는 일이었다. 다시 대구 거리에 나선 그의 감회를 정확하게 표현하기 어렵지만, 출옥한 지 반년이 지나 발표한 그의 첫 시 작품 「말」을 음미하노라면, 그의 뜻과 숨결을 읽을 수 있을 것 같다.

말

훗트러진 갈기
후주군한 눈
밤송이 가튼 털

오! 지친 말이여!
채죽에 지친 말이여!

수굿한 목통
축처-진 꼬(소)리
서리에 번적이는 네굽
오! 구름을 헷치려는 말
새해에 소리칠 힌말이여!

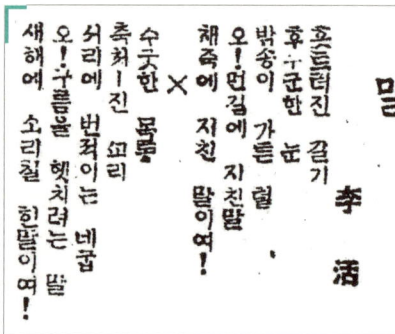
「말」(『조선일보』, 1930. 1. 3)

「말」에는 그의 두 가지 모습이 들어 있다. 앞에서는 오랜 기간 감옥에서 고생하다 나온 그의 모습이 '훗트러진 갈기'라든가, '후주근한 눈' 또는 '지친 말'로 그려져 있다. 그리고 뒤에 가서는 새로운 활동을 꿈꾸며 강렬한 의지를 불태우는 모습을 그리고 있는데, '서리에 번적이는 네굽', '구름을 헷치려는 말' 혹은 '새해에 소리칠 힌말' 등의 표현이 바로 그것이다.

새해 1930년은 경오년庚午年이니, 곧 '백말띠'의 해였다. 그래서 신년을 맞으면서 움츠러들었던 지난해의 자신을 정리하면서, 아울러 새해에는 '힌말' 곧 백마白馬의 기상을 갖고 새로운 활동을 펼치겠다는 강한 의지를 표현한 것이다. 다만 조심스러운 점은 이 시를 발표한 '이활'이 육사가 아닐 수도 있다는 견해도 있다는 사실이다. 그러나 그를 대신할 또 다른 시인 이활이 나타나지 않으니, 일단 그의 작품으로 이해하고 글을 정리한다.

투쟁의 역사가 여기에서 시작되었다. 민족시인의 발걸음은 장진홍의 거로 말미암은 옥살이에서 출발한 셈이다. 그런데 그 첫걸음은 바로 일제 경찰의 탄압과 마주쳤다. 육사가 각오를 다지며 「말」을 발표하자마자, 그의 기를 꺾는 일이 일어난 것이다. 1월 10일 그는 다시 일제 경찰에 붙들려 갔혔다. 바로 앞서 1929년 11월 3일 광주에서 학생항일투쟁이 일어나 온 나라로 퍼져가자, 신간회와 조선청년동맹은 진상을 조사하면서 대응책을 찾고 있었다. 신간회 대구지회와 대구청년동맹도 마찬가지였다. 광주학생항일투쟁이 벌어지자, 경찰은 그 불꽃이 확산되지 않도록 미리미리 활동 가능성이 있는 인물들을 얽어매었다. 그 바람에 육사도 「말」을 발표한 지 일주일 뒤인 1930년 1월 10일 대구청년동맹과 신간회 대구지부 간부라는 이름으로 일제에 끌려간 것이다. 그리고서 같은 달 19일 그는 풀려났다.

　　그가 1월에 붙잡혔다가 풀려난 일은 두 가지 사실을 알려준다. 하나는 그가 장진홍의거 관련 재판이 끝나자마자 대구청년동맹과 신간회 대구지회에 발을 내디디면서 활동을 재기했다는 사실이다. 다른 하나는 일제가 그의 투쟁 에너지를 미리 막고 약화시키려고 했던 일이다.

기자로 사회활동을 펼치다

1930년 2월 그는 『중외일보』 대구지국의 기자로 임명되었다. 면소판결과 첫 시 작품 「말」 발표, 그리고 광주학생항일운동의 불꽃 차단이라는 일제 경찰의 작전에 따른 구금을 거친 뒤, 그는 기자 생활을 시작한 것

> 支局社告
> 左와 如히 支局員을 任用하얏사오니 愛讀僉位는 照亮하소서
> 記者 李 活
> 中外日報社 大邱支局

대구지국 기자 임용 사고
(『중외일보』, 1930. 2. 18)

이다. 이 무렵 육사가 기자로서 활약한 신문이 조선중앙일보라고 전해지기도 했지만, 이때는 『중외일보』 시기였다. 『시대일보』(1924. 3~1926. 8)로 시작된 이 신문이 『중외일보』(1926. 11~1931. 9. 2), 『중앙일보』(1931. 11. 27~1933. 3. 6), 『조선중앙일보』(1933. 3. 7~1937. 11. 5) 등으로 바뀌었으므로, 육사가 활동하던 1930년을 전후한 무렵은 바로 『중외일보』 시기였다.

실제로 그가 대구지국 기자로 임용된 사실은 『중외일보』 1930년 2월 18일자 사고社告에 실렸다. 이에 앞서 1월 28일자에 등장한 '이원삼'도 그를 가리키는 것으로 짐작되기도 한다. 그가 『중외일보』 기자로 활약하다가 『조선일보』로 자리를 옮긴 시기는 1931년 8월이었다.

육사는 신간회 대구지회와 대구청년동맹에 발을 디뎠다. 그가 신간회 대구지회에 참가하기 시작한 때가 정확하게 언제인지는 모르지만, 일단 자료에 확인되는 시점은 1930년 4월과 5월이다(『중외일보』, 1930. 4. 21; 1930. 5. 20). 시작 시점을 알 수는 없지만, 그가 베이징에서 귀국하던 1927년 여름, 곧 신간회 대구지회가 조직되던 때부터일 수도 있고, 감옥을 나섰던 1929년 중반, 또는 무혐의로 완전히 마무리된 1929년 12월 이후일 수도 있다.

1930년 10월에 그는 이활李活·대구 이육사大邱二六四라는 필명으로 잡

자『별건곤別乾坤』에「대구사회단체개관大邱社會團體槪觀」을 발표하였다. 이 글은 중외일보사 기자 신분인 그가 대구청년동맹·대구소년동맹·신간회 대구지회·근우회 대구지회·경북형평사 대구지사·경북청년연맹 등 대구지역 사회운동단체의 현황을 조사하고 분석한 것이다. 그때 대구지역의 사회단체가 상당히 움츠러들었다면서 그 이유를 외압과 자체적인 부진 때문이라고 진단하였다. 그러고 나서는 "새로운 용자勇者여, 어서 많이 나오라"라고 주문하였다. 식민지 통치라는 환경 탓에 표현에는 한계가 있었지만, 이 글은 대구 청년운동이 다시금 활발하게 용솟음치기를 바라는 그의 진정한 뜻을 내보이는 데는 모자라지 않았다. 이 글이 나온 바로 뒤에 광주학생항일투쟁 1주년이 되면서, 그는 다시 얼마 동안 갇혀 살아야 했다.

'대구격문사건'으로 두 달 동안 경찰에 갇혀 지내다

기자로 활동하다가 또 다시 경찰에 붙잡힌 때가 1931년 1월이었다. 여러 기록에 1930년 말로 전해지지만, 이는 음력으로 쓴 것이다. 육사의 형 원기가 1931년 2월 11일(음 1930. 12. 24)에 영일군 기계면(현 포항시 기계면)에 사는 집안 아저씨(증고종숙) 이영우李英雨에게 보낸 당시의 편지를 보면, 그때가 양력으로 1931년 1월임을 알 수 있다. 한문으로 쓰인 그 편지를 번역하면 이렇다.

동생 활(육사)과 원일이 격문의 혐의를 입어 약 20일 전에 대구경찰서에

이원기 편지

체포되어 원일은 지난밤에 온갖 병을 안고 돌아왔으니 한편으로는 기쁘나 병이 위태하여 의사로 하여금 진찰하게 했는데 병이 얕은 게 아닌 듯합니다. 또 活활도 역시 어떤 비밀이 탐지되어 당하는 고초가 심하여 지금 감방에서 누워 지낸다니 위독하기가 말하지 않아도 가히 알 수 있습니다.

그러므로 육사가 붙들린 시기는 이 편지보다 20일 앞선 1931년 1월 20일쯤이라는 점을 알 수 있다. 그런데 그가 경찰에서 대구지방법원 검사국으로 송치된 때는 이보다 늦은 3월 13일이고, 열흘 뒤인 23일에 범죄혐의가 없다는 이유로 불기소 처분되어 풀려났다. 따라서 그가 체포당해 고생한 기간이 그동안 알려졌던 6개월 정도가 아니라 두 달 남짓이었음을 확인할 수 있다.

그가 경찰에 붙잡힌 이유는 이른바 '대구격문사건'에 관련이 있다는 것이다. 이 거사는 1929년 11월에 터진 광주학생항일투쟁의 연장선상에서 이루어졌다. 항일투쟁이 온 나라로 퍼져나가던 상황이었고, 대구에서도 1930년 1월 중순과 6월에 동맹휴학이 거듭 시도되고 단행되었다. 이어서 10월에 대구농림학교가 동맹휴학했고, 1931년 1월에는 대구고등보통학교(경북고등학교 전신) 학생들이 동조하여 동맹휴학에 들어갔다. 그러던 1930년 11월 대구 거리에 항일 내용을 담은 격문이 전봇대에 붙었고 거리에 뿌려졌다.

육사가 붙잡히던 무렵인 1월 21일, 대구지역에 또 다시 격문이 뿌려졌다. 이날은 레닌 탄생일이라고 경찰에서 주시하고 있던 날이었다. 이렇게 거듭하여 격문이 뿌려지자, 잔뜩 긴장하고서 뒤를 쫓던 일본 경찰은 육사를 배후조종자로 판단했다. 이 때문에 육사는 『중외일보』 대구지국에 함께 근무하던 동생 원일, 동료 직원들과 함께 붙들려 들어가 두 달 가량 고문에 시달리는 바람에 몸을 가누기 힘들 정도가 되었다. 여기에 얽혀 고생한 인물은 모두 11명이나 되었다. 육사가 붙잡힐 때 상황은 당시 신문기사에서도 확인된다.

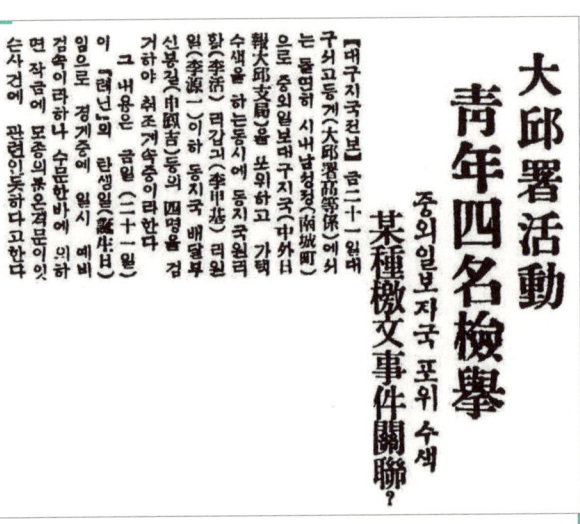

대구격문사건 신문기사(『동아일보』, 1931. 1. 22)

금 21일 대구서 고등계에서는 돌연히 시내 남산정으로 중외일보 대구지국을 포위하고 가택수색을 하는 동시에 동 지국 이활李活·이갑기李甲基·이원일李源一 이하 동 지국 배달부 신봉길申鳳吉 등의 4명을 검거하여 취조 계속 중이라 한다.

그 내용은 금일(21일)이 레닌의 탄생일이므로 경계 중에 일시 예비검속이라 하나 수문한 바에 의하면 작금에 모종의 불온격문이 있은 사건에 관련인 듯하다고 한다.

육사가 억울하게 근거 없이 올가미에 덮인 것이 아니라, 그가 실제로 신문배달원을 시켜 격문을 거리에 붙이게 했다는 증언이 전해지기도 한다. 신문기사로 보면, 『중외일보』 대구지국 기자와 직원, 배달부가 그 주역인 셈이다. 또 육사가 대구 거리에 격문을 붙이고서 일주일 동안 대구 앞산 솔밭에 숨어 지냈다고 전해진다. 그러다가 "대구경찰서 고등과장과 우연히 마주쳤는데, 고등과장이 '차라리 멀리 날라버리는 게 좋지 않겠나?'라고 했다. 고등과장이 나의 인격을 알아보는 것 같더라."고 육사가 말했다는 이야기도 전해진다. 이 말은 이상흔이 증언한 내용인데, 그는 육사가 자주 들러 도움을 받았던 이영우의 조카이다.

잦은 만주 나들이, 다시 베이징으로

'대구격문사건'으로 경찰에 붙잡혔던 육사는 두 달 정도 지난 1931년 3월 23일 풀려났다. 그를 비롯한 11명이 불기소 처분으로 나온 것이다. 그는 다시 중국으로 갈 계획을 세웠다. 중국으로 향한 때는 그해 봄 혹은 6월쯤이다. "1931년 봄에 외숙 일헌一軒 허규許珪의 독립군자금 모금 관계로 만주로 갔다가 군관학교 학생 모집을 위해 귀국했다"는 기록이나, "1931년 봄에 조재만을 비롯한 네 사람(동생 원조도 포함)을 데리고 베이징으로 가다가 무슨 일이 발각되어 동행한 사람들은 석 달 만에 돌아오고, 육사는 이때 펑톈奉天(선양)까지 가서 김두봉金枓奉에게 가 있었다"는 이야기는 그의 만주 나들이를 알려주는 자료이다. 그런데 "원조와 영천 출신 김모씨 등 3인과 함께 베이징으로 가다가 만주사변이 터지자 3개월 만에 귀국했다"는 이야기는 만주 나들이의 최종 목적지가 베이징이라는 사실과 그 시기가 만주사변 3개월 전이라는 것을 알려주고 있다.

여기에 등장하는 김두봉은 사실 의열단원 윤세주尹世胄인데, 집안에서 잘못 전해져온 셈이다. 또 의열단장 김원봉과 맺어지는 뒷날의 이야기도 여기에 뒤섞인 것이 아닌가 한다.

그가 만주로 나들이한 것은 이렇게 정리된다.

첫째, 1931년 1월 대구경찰서에 붙잡혀 3월 말까지 두 달 동안 갇혀 고생했다.

둘째, 풀려나자마자 동료 세 사람, 즉 동생 원조와 조재만 및 영천 출신 김모씨 등과 함께 펑톈(선양)으로 향했다.

셋째, 그곳에 도착한 뒤 석 달 뒤에 벌어진 일본의 만주침공으로 육사를 제외한 세 사람은 귀국했다.

넷째, 육사는 그곳에 좀 더 머물면서 나아갈 길을 가늠하고 있었다.

육사가 만주에서 돌아온 때는 1931년 늦가을쯤이었다. 만주사변 이후 한 달 남짓 펑톈(선양)에 머물다가 귀국한 것이다. 최근 1931년 11월 10일자 엽서가 새로 발견되었는데, 거기에는 『조선일보』 이활이란 이름으로 며칠 전 원촌을 다녀왔다고 적혀 있기 때문이다.

『중외일보』에서 『조선일보』

육사는 1929년부터 근무하던 『중외일보』를 떠나 1931년 8월 『조선일보』로 옮겼다고 일제 경찰에 진술하였다. 『중외일보』가 1931년 9월 2일 종간호를 내고 문을 닫았으며, 두 달 지난 11월 2일 『중앙일보』로 다시 시작하게 되었다. 육사는 『중외일보』가 문을 닫을 무렵 『조선일보』로 이동한 것 같다. 8월이면 그가 펑텐에 머문 시기였다. 그렇다면 그가 펑텐(선양)에서 『중외일보』 기자 신분으로 머물렀지만, 이미 신문사가 문 닫으리라는 것을 알고 『조선일보』 대구지국으로 자리를 옮기는 것을 논의해 둔 것으로 헤아려진다.

『조선일보』 대구지국은 상서동上西洞에 있었다. 장인환張仁煥이 1926년부터 10년 정도 대구지국을 운영했는데, 중간에 김봉기金鳳箕가 1년쯤 맡았다. 그리고 1937년에는 서승효徐承孝, 1938년에는 이상화李相和가 지국을 운영하였다. 육사가 장인환 지국장과 활동하던 때 기자로는 그와 이선장李善長, 총무 허병률許秉律 등이 활동하고 있었다. 이선장은 육사의 평생 동지가 되었고, 허병률은 일찍이 1919~1920년 무렵에 대한민국 임시정부에 자금지원 활동을 펴고, 실제로 상하이를 다녀온 인물이기도 하였다. 지국장 장인환은 육사와 더불어 신간회 대구지회에 참가하였고, 경북지부에서도 핵심인물이었다. 육사는 경찰에 붙잡히거나 몸을 피하는 일이 거듭되는 바람에 자리를 비우는 일이 많았다. 하지만 그가 돌아오면 동료 기자 이선장은 언제나 육사가 지국에서 일하도록 배려했다는 이야기가 전해진다.

육사는 신문기자로 활동하는 것이 민족문제를 해결하는 길이라고 인식했던 것 같다. 지방에서 활동하던 기자들은 곳곳에서 언론으로 일제 침략통치에 맞서고 있던 터였다. 물론 1930년대에 들어 일제와 타협한 인물도 있지만, 저항적인 인물이 많은 편이었다. 그래서 일제 경찰은 지방주재 기자들에게 예리한 눈길을 주고 있었다. 지방 주재 기자들의 활동에 대한 일제 경찰의 인식은 다음과 같이 그들의 기록에 잘 나타난다.

『조선일보』 대구지국 구성원(金鎭和, 『日帝下 大邱의 言論硏究』)

기 자	이활李活·여규진呂圭鎭(김태련金兌鍊의 사위)·이범조李範朝·이선장·최창섭崔昌燮·이동우李東雨·엄상섭嚴尙燮
본사특파원	변용갑卞龍甲·오재동吳在東
총 무	허병률(일우一友)

    도내(경상북도 - 필자 주)에 반포되는 언문지(한국어 신문 - 필자 주)의 추세를 보건대 본년(1929) 5월 말에 있어서 『조선일보』·『동아일보』·『중외일보』는 반포되지 않는 곳이 없고 그 독자는 5천 2백 명을 돌파, 이들 각 신문에 관계하는 지방기자 등은 사상단체에 관계하기도 하고 또는 직접 관계를 하지 않더라도 이를 조종하기도 하고 지방문제에 대해서 고의로 곡필적인 통신을 보내는 등 각각 본사의 전통적인 불온한 필치와 호응하여 지방민심에 미치는 폐해가 크다.   -『고등경찰요사』, 165쪽

    이들 신문 관계자들은 도내를 통해서 129명, 그중 불량단체에 관계가 있는 자가 67명(표면 관계가 있는 자만)으로서 그들은 지방에 있어서의 잠재세력이 클 뿐 아니라 사사건건 지방문제를 가지고 분규를 일으키고 당국의 시정에 반항하는 곡필 ······   -『고등경찰요사』, 169쪽

    이처럼 일본 경찰은 기자들에 대해 부정적인 인식을 갖고 감시하였다. 육사는 그 가운데서도 특히 감시 대상 인물이기 때문에, 대구 언저리에서 항일투쟁이 터지면 곧장 묶여 들어갔던 것이다.

육사라는 이름이 가진 상징

'이원삼'에서 '이활'로

이육사李陸史의 본래 이름이 이원록李源祿이라는 사실은 널리 알려져 있다. 어릴 때 그의 이름은 원삼源三, 자字는 태경台卿이었다. 중등과정을 같이 다닌 동기생은 그를 '원샘이'라고 불렀다고 회고했다. 만 18세가 되던 1922년, 영천의 백학학원에 다닐 때도 원삼이라고 불렸다고 동기생 정연활이 증언했다. 그러니 그의 청소년 시절에는 원삼이라는 이름이 보편적으로 쓰였고, 1930년 1월에 『중외일보』 대구지국 기자 임용에서도 이 이름이 쓰였다.

20대 중반을 넘어서면서 그는 이활李活이라는 이름을 사용하기 시작했다. 시작 시점을 정확하게 알 수는 없지만, 1925년 베이징으로 유학할 무렵부터는 '이활'을 사용한 것 같다. 중국에서 활약하던 한국인들이 한 글자 이름으로 바꾸는 경향이 있었기 때문이다. 1930년 1월 3일자 『조선일보』에 그의 첫 시 작품인 「말」이 '이활'이란 이름으로 게재되었는데, 힘차게 딛고 일어서는 말과 생기가 살아나는 활活의 느낌이 겹쳐 보인다. 장진홍의거로 옥고를 치르고 나온 뒤에 이활·대구264를 사용한 데서도 이활이라는 이름이 등장하고, 『중외일보』 대구지국 기자시절에도 이활과 이원삼이 함께 등장했다. 또 1931년 1월에 대구경찰서에 붙잡혀 고생할 때, 형이 집안 어른에게 쓴 편지에 '활活'로 표현한 점은 이미 이활이라는 이름이 널리 쓰였음을 말해준다. 따라서 이활은 앞서부터 사용했다는 말이다.

이활이라는 이름은 그 뒤로 국내와 중국을 오가는 1930년대 전반기에 꾸준히 사용되었다. 그가 1932년 조선혁명군사정치간부학교 1기로 입교해 있을 때도 바로 이를 사용했다. 또 1935년 3월 평문評文인 「공인公認 "깽그"단團 중국청방비사소고中國靑帮秘史小考」를 『개벽開闢』에 게재할 때까지 이활로 발표하였다. 그러다가 그 뒤로는 사용 횟수가 줄어들었다.

이활은 대구의 264이다

'육사'라는 이름은 흔히 알고 있듯이 감옥에서 쓰인 수인번호 264(또는 64)에서 비롯하였다. 갑자기 이육사라는 이름을 드러내면 남들이 알기 힘들므로, 그는 이활이 곧 이육사가 된다고 암시하는 글을 발표하였다. 그것이 1930년 10월 간행된 『별건곤別乾坤』 제5권 제9호에 실은 「대구사회단체개관大邱社會團體槪觀」이란 평문이었다. 이 잡지는 "대구행진곡大邱行

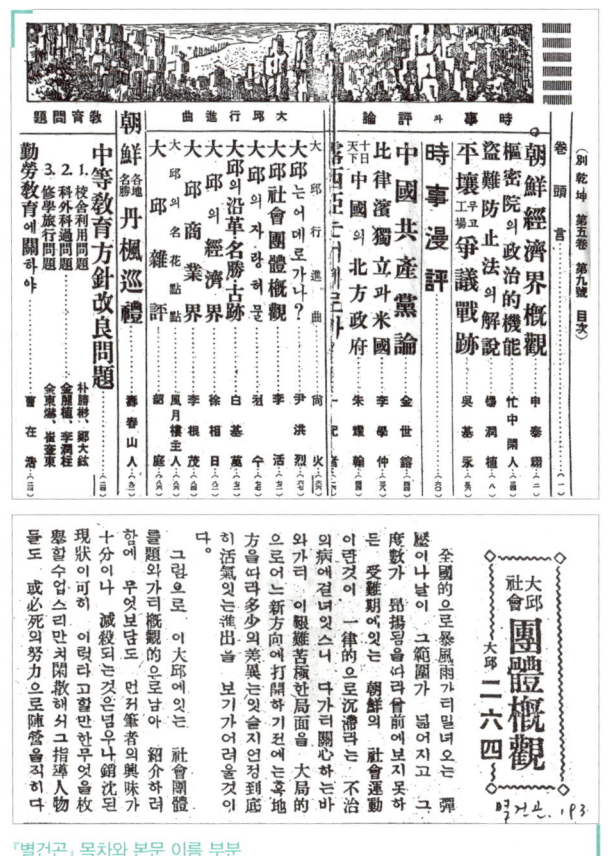

「별건곤」 목차와 본문 이름 부분

進曲"을 특집으로 다루었는데, 이상화의 「대구행진곡」을 비롯하여 모두 9편의 글이 실렸다.

여기에서 육사는 두 가지 이름을 사용하였다. 책 앞에 있는 전체 목차에는 필자 이름이 '李活'로, 본문에서는 '大邱 二六四'로 다르게 적혀 있다. 그가 이렇게 두 가지 이름을 같은 책에 쓴 이유는 이미 알려진 이활이 앞으로는 대구에서 활약하는 '264', '이육사'로 이름을 바꾸어나간다는 뜻을 담은 것으로 보인다.

'大邱 二六四'는 새로운 시도라고 보아야겠다. 뒷날 쓰이는 '이육사李陸史'의 기원이 곧 '二六四'였음이 확인된 셈이다. 또 이것이 대구 감옥에서 붙은 수인번호에서 비롯되었다는 사실은 널리 알려져 왔다. 다만 숫자로 표기한 '二六四'는 1930년 기록에 유일하게 남아있다. 더러는 수인번호가 '264'가 아니라 '64'였다는 말도 있지만, 증명할 길이 없다. 이처럼 숫자로 이름을 지은 데는 『조선일보』 대구지국을 경영하던 장인환張仁煥이 전화번호 854를 활용하여 팔오사八五社라는 용달사를 운영하던 것을 본뜬 것이라는 이야기도 전해온다. 하지만 무엇보다 여기에는 그의 저항성에 눈길을 돌려야 한다.

그가 '대구 264'라는 이름을 내세운 의도에도 눈을 돌릴 필요가 있다. 이활이란 이름과 함께 대구의 264라는 이름이 사용된 사실은 대구에서 활동하고 있는 이활이 앞으로 수인번호 264라는 이름으로 글을 발표하겠다는 의지를 알리는 것이다. 일제 통치에 맞선 저항정신과 식민지 세상을 비웃는 마음이 함께 녹아 있다. 그런 다짐으로 감옥을 나서자마자 그는 죄수의 번호, 일제 식민지에서 영원한 죄인이라는 자조 섞인 웃음이나 비아냥거림을 섞어서 이 글을 발표한 것 같다. 더구나 그 내용은 대구 사회의 청년운동이 힘을 잃고 있는 현실을 지적하면서 새로운 도전을 요구하고 나선 것이다.

'대구 264'라는 이름은 정지 상태에 놓인 것이 아니라 진행형이요, 변화형으로 이해할 필요가 있다. 이는 곧 '대구 감옥에 있던 이육사'가 '대구에서 활약하는 이육사'로 전환하겠다는 다짐, 앞으로 그렇게 활약하겠다는 의지가 들어 있는 이름이기도 하다.

264에서 肉瀉 · 戮史, 그리고 陸史로

두 번째로 이름이 바뀐 단계는 숫자 264에서 이육사로 옮겨간 것이다. 육사를 표기한 한자는 肉瀉·戮史, 그리고 陸史 등 모두 세 가지였다. 이 가운데 가장 먼저 등장한 것은 肉瀉다. 1932년 1월 그는 『조선일보』 대구지국 기자로서 『조선일보』에 대구 약령시장을 보도하는 네 차례 기사를 연재하였다. 그런데 여기에서 필명으로 肉瀉生를 썼던 것이다. '고기를 먹고 설사한다'는 뜻이니, 그가 식민지가 된 세상을 얼마나 지독하게 비아냥거렸는지 짐작이 되고도 남는다.

264에서 이육사로 가는 시기에 '戮史'도 등장했다. 죽일 육자를 써서 역사를 죽인다는 뜻이니, 이는 곧 식민지 통치의 역사를 뒤집어 놓겠다는 항일의식·혁명의식을 담은 것으로 풀이된다. 이것이 쓰인 때도 1931년에서 1932년쯤의 일이다. 1931년 1월 대구 길거리에 나붙은 항일 격문의 주모자라는 이유로 붙잡혔다가 3월 25일 풀려난 뒤, 그는 쇠약해진 몸을 추스르려고 영일군 기계면 현내리(포항시 기계면 현내리)로 향했다. 그곳에 있던 집안 아저씨 해산奚山 이영우李英雨의 집에서 두 달 동안 쉬면서 건강을 회복하였다. 그곳에서 그는 '戮史'를 사용하였다. 아마 그는 이 이름을 쓰면서 항일의 의지로 치를 떨었으리라 짐작된다.

실제로 그가 '戮史'를 사용한 자취는 세 가지 전해진다. 첫째는 그가

「조선일보」 「대구의 자랑 약령시」 기사
(肉瀉 이름으로 보도한 신문)

매화 한 폭을 그리고 그 곁에 戮史라고 썼다는 이야기다. 이영우 집에서 요양하면서 그림을 그렸는데, 앞에서도 말했듯이 그는 대구에서 서화가로 이름을 날린 석재石齋 서병오徐丙五로부터 그림을 배웠다. 그러자 이영우가 이를 보고 "'戮史'라는 말이 역사를 죽인다는 표현이니, 혁명을 일으키겠다는 말이 아닌가? 뜻이 너무 노골적으로 드러난다. 차라리 같은 뜻을 가지면서도 온건한 표현이 되는 '陸史'를 쓰는 게 좋을 것 같다"고 권했다. 이렇게 권하는 말을 듣고 그는 바로 그 자리에서 '陸史'로 바꿔 썼다고 한다.

둘째로는 1933년에 공개된 자료에 등장했다. 1933년 4월 1일자로 발간된 『대중大衆』 창간임시호에 소개된 글의 필명으로 등장하였다. 이 때는 그가 난징에서 조선혁명군사정치간부학교를 졸업하기 바로 직전으로, 그가 국내에 없는 동안 발간되었다. 따라서 이 글은 1932년 여름에 미리 써두고 간 것이거나, 군사간부학교에 들어가기 전에 써 보낸 것이라 짐작된다. 두 편이 소개되었는데, 하나는 '이활'로 게재한 「자연과학과 유물변증법」이고, 다른 하나는 '李戮史' 이름으로 소개된 「레닌주의철학의 임무」라는 글이다. 다만 뒤의 글은 실제로 게재되지 않고 「싣지 못한 글의 목록」에만 들어있다. 비록 두 번째 글이 실리지는 않았지만, 육사가 '李戮史'라는 이름으로 글을 내놓은 사실, 또 레닌주의 철학이라는 주제는 확인되는 셈이다. '싣지 못한 글'이라는 표현으로 보아, 글은 투고가 되었지만 일제의 검열에 걸렸거나 그와 비슷한 사정으로 게재되지 못한 것이라 짐작된다.

셋째, '戮史'라는 호가 쓰인 실제 자료도 남아 있다. 1934년 1월 18일자로 기계면에서 외6촌동생 이상흔李相欣이 그에게 보낸 엽서가 그것이다. 거기에 받는 사람 이름이 '李先生戮史活'로 적혀 있다. 戮史는 호로, 이름을 活로 적은 것이다. 여기에서 그가 항일혁명을 꿈꾸며 '264'에서 '李戮史'로 바꾸려 했던 사실은 오늘날 널리 쓰이는 '李陸史'라는 이름 속에 '戮史'를 꿈꾸는, 곧 혁명을 도모하려던 그의 뜻이 담겨 있음을 보여준다고 할 수 있다. 육사라는 이름은 이처럼 강력한 항일혁명 의지로 뭉친 결정체였다.

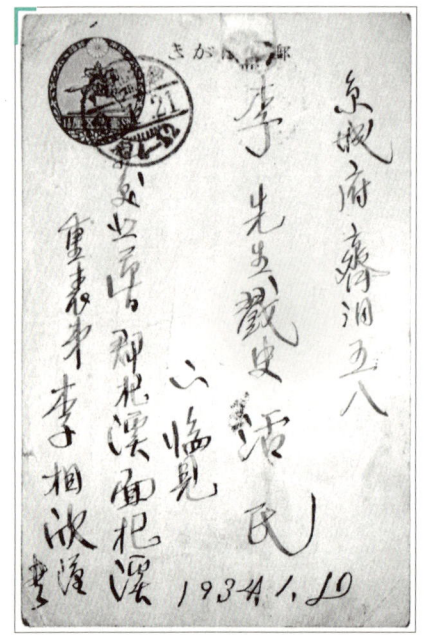
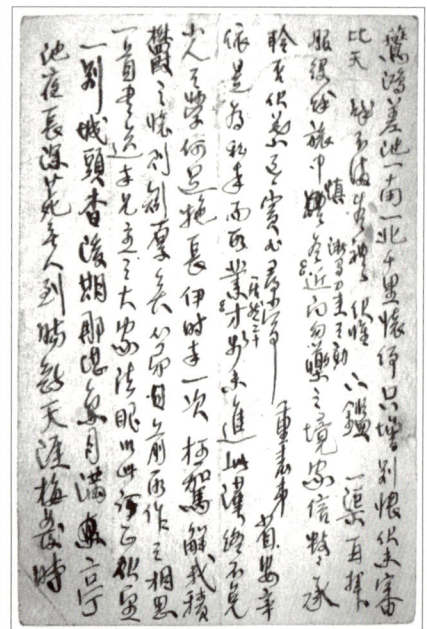

이상흔이 이육사에게 보낸 엽서(李先生戮史活)

'陸史'는 戮史와 거의 같은 때 등장했다. 1932년 의열단이 중국 난징에서 조선혁명군사정치간부학교 문을 열 때, 제1기생으로 입학한 그가 사용한 이름이 '陸史'였다. 이를 추적한 일제는 이름을 '이활', 별명을 '이원삼'과 '陸史'로 기록하였다. 이 무렵 그가 이것을 필명으로 사용했다는 사실을 뒷날 수필 「연인기戀印記」에서 밝혔다. 비록 이 작품이 1941년에 쓰였지만, 내용 가운데 1933년에 그가 이미 陸史라는 이름을 사용했다는 사실을 담았던 것이다. 이 글을 보면, 1933년 중국에서 귀국하기 앞서 어느 중요한 인물에게 도장을 선물했다고 한다. "꼭 목숨 이외에 사랑하는 물품이래야만 예의에 어그러지지 않을 경우"라고 밝힐 만큼 중요한 인물에게 육사는 너무나도 아끼던 비취도장을 선물하면서, "증贈S·1933·9·10 陸史"라고 새겼다. 'S'가 누구인지 그 문제는 일단 뒤로 미루자. 다만 여기에서 그가 '陸史'라는 이름을 사용했음을 확인할 수 있다.

난징에서 조선혁명군사정치간부학교를 졸업한 뒤 귀국하고서는 대체로 陸史라는 이름이 굳어졌다. 1935년 6월 이후에는 거의 대부분 '이육사李陸史'가 사용되었다. 『신조선新朝鮮』 1935년 6월호에 「춘수삼제春愁三題」라는 시를 발표한 이후로는 거의 대부분 육사를 사용했다. 또 1936년에 매우 절친했던 시인 이병각李秉珏(영양군 석보 출신, 재령 이씨)이 1936년에 쓴 편지를 보면, 제목이 「육사형陸史兄님」이었다. 이 글은 당시 유명한 문인들의 편지들을 묶어낸 『조선문인서간집朝鮮文人書簡集』에 실려 있는 것이므로, 이 이름이 널리 사용된 것으로 생각된다.

그가 사용한 이름은 이렇게 정리된다. 1926년 무렵부터 1939년까지 '이활'이란 이름이 꾸준히 사용되고, 작품이 아닌 경우 어릴 때부터 쓰이던 이원삼도 더러 쓰였다. 그리고 1930년 10월에 발표한 작품에서 '李活'·'大邱 二六四'를 함께 쓰면서 이활이 대구의 264임을 알렸는데, 이는 지금까지 확인되는 유일한 숫자 이름이다. 바로 이어서 肉瀉와 戮史, 그리고 陸史를 혼용하다가, 陸史로 굳어졌다. 따라서 그 이름에는 일제강점이라는 상황을 혁명으로 극복한다는 뜻을 담고 있음을 알 수 있다. 그리고 이육사라는 이름이 '이활'과 줄곧 같이 사용되었지만, 대체로 1933년부터 순국할 때까지는 '이육사'가 주로 사용되었다. 한 가지 덧붙

시기별로 육사가 사용한 이름

1920년대 말	1930년	1931~1934년	1935년 이후
李活	李活, 大邱二六四	肉瀉, 戮史, 陸史, 李活	陸史, 李活

일 이야기는 '이활'은 대개 평문 가운데서도 시사평론을 발표할 때 사용했고, 수필이나 시에는 대개 '이육사'를 썼다는 점이다. 그래서 어떤 문학자들은 평문을 쓴 이활과 시와 수필을 쓴 이육사가 다른 인물이라고 추측하는 경우도 있을 정도다. 그러나 시사평론의 경우 육사가 중국에서 터득한 지식과 경험이 생생하게 배어 있어서 그렇게 보기에는 무리가 있다.

의열단원 윤세주·김시현과 난징으로 가다

윤세주가 권하는 난징행

육사는 만주에서 돌아온 뒤 몇 달 지나지 않아 다시 만주로 갔다. 1932년 3월 29일자 『조선일보』에 취재기사를 싣고, 4월 하순 펑톈으로 갔다. 이 때 그는 『조선일보』를 그만 두었다. 이번 만주 나들이는 앞서 펑톈에 갔을 때 만난 윤세주와 뜻을 맞추고 새로운 길을 찾아 나선 것이다. 육사는 윤세주를 "이전부터 잘 아는 『중외일보』 기자였던" 인물로 표현하였는데, 그를 찾아 다시 만주로 간 것은 곧 의열단의 새로운 계획에 동참하는 길이었다.

석정石正 윤세주尹世胄는 의열단 창립에 참가한 핵심인물이다. 고향 경상남도 밀양에서 3·1운동에 참여하고 만주로 망명하여 신흥학교를 다녔고, 1919년 11월 지린吉林에서 의열단 결성에 참가하였다. 1920년 국내에 잠입했다가 잡혀 1927년 2월 서대문형무소를 나올 때까지 옥고를 치른 뒤, 신간회 밀양지회에서 활동하였다. 그는 다시 펑톈으로 가서 의열단에 합류하였는데, 이 무렵이 바로 육사가 펑톈으로 가던 때였다. 윤세주는 의열단장 김원봉의 지시로 펑톈·톈진·베이징을 중심으로 움직였다. 김원봉은 1931년 활동 중심지를 베이징에서 난징으로 옮기고 독립군 장교를 길러낼 군사간부학교를 세우려 나섰고, 이에 윤세주는 입교생 모집을 위해 부지런히 움직였다.

육사가 의열단이 세운 조선혁명군사정치간부학교 1기생으로 들어가게 된 연결고리는 두 사람이었다. 한 사람은 바로 윤세주요, 다른 한 사람은 입교생 모집에 베이징지역을 맡았던 안동 출신 김시현이었다. 1932년 9월 육사가 난징으로 갈 때 함께 움직인 인물이 바로 김시현이었다는 사실도 이를 말해준다.

육사는 펑톈에서 윤세주를 다시 만났다. 육사는 뒷날 "만주국이 발전할 모양이므로 중앙일보지국을 설치하는 한편, 취직을 목적"으로 갔고, "봉천 궁도정宮島町의 삼성고무공장의 나경석羅敬錫에게 의지해 있었다"고 진술했다(「李活 신문조서」). 『중외일보』가 1931년 11월에 『중앙일보』로 바뀌었으니, 중앙일보지국이란 말은 이를 두고 이른 것이다. 또 그는 펑톈에서 두 사람을 만났다고 말했다. 한 사람은 김을한金乙漢으로 당시 『만몽일보滿蒙日報』 설립을 위해 활동하고 있었고, 다른 한 사람이 바로 그를 난징의 조선혁명군사정치간부학교로 이끈 윤세주였다. 육사는 윤세주를 『중외일보』 기자, 혹은 중외일보사 영업국 서무부장을 지낸 인물로 진술하였다(「증인 이원록 신문조서」).

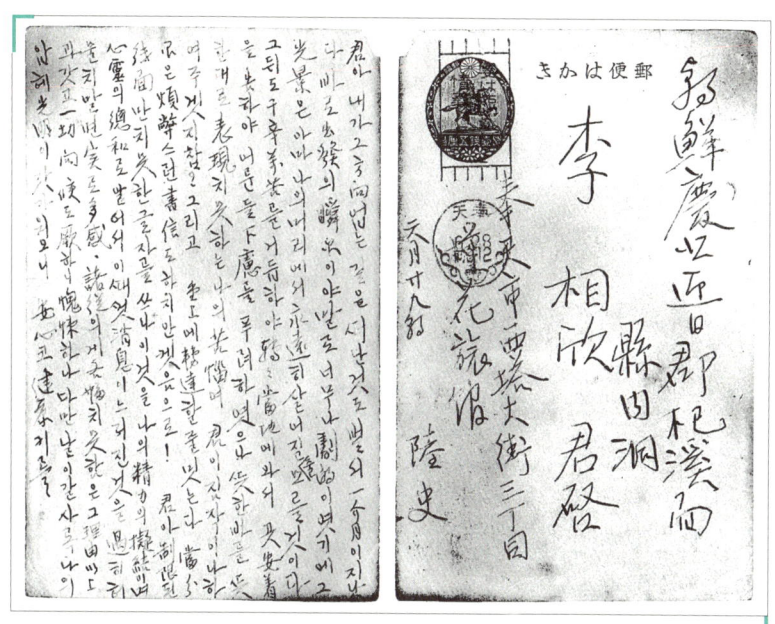

만주에서 이상흔에게 보낸 엽서

1932년 4월 육사가 펑톈에서 윤세주와 만나던 모습이 일제 경찰의 다른 기록에도 보인다. 육사가 "일거리를 찾아서 펑톈으로 갔고" 그곳에서 윤세주를 만났다는 것이다. 이 무렵 육사가 펑톈에 있었다는 자취를 보여주는 다른 자료도 있다. 6월 28일 그가 영일군 기계면 이상흔에게 보낸 엽서에 보낸 곳이 펑톈 시타다제西塔大街 삼정목三丁目 근화여관槿花旅館으로 적혔다.

한편 그가 만주로 가 있던 시절, 그는 기소유예 상태였다는 기록이 남아 있다. 1932년 7월 21일자 형사사건부에 기소유예자로 적혔고, 또 7월 23일자 『매일신보』에는 '조선공산주의자협의회사건'이란 이름 아

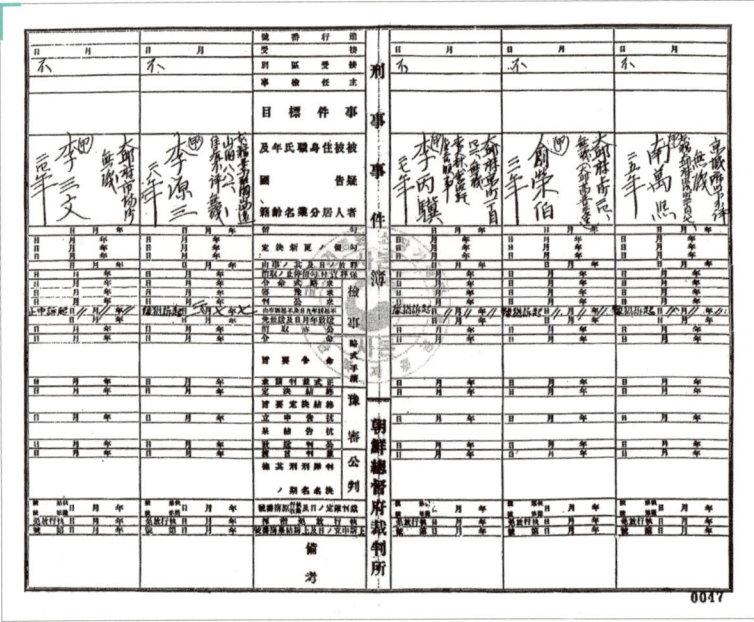

기소유예자 이원삼(형사사건부, 1932. 7. 21)

래 치안유지법과 출판법 위반이라는 죄목으로 보도되었다. 이러한 사실은 만주를 거쳐 난징으로 가려던 시기에 국내에서 경찰이 그를 추적하고 얽어매고 있던 상황을 보여주고 있다.

난징으로 가는 길

육사가 다시 윤세주를 만난 이유는 그가 권하는 군사간부학교에 들어가려는 데 있었다. 육사는 뒷날 일본 경찰에 그러한 권유를 받은 것이 9월 톈진이라고 말했지만, 사실 두 사람은 이보다 앞서 펑톈에서 이미 뜻을 모았다고 판단된다. 육사는 윤세주에게서 김원봉이 난징에서 국민정부의 지원을 받아 학교를 세우고 있으니, 취직이 어려우면 거기에 입학하라고 권유받았다고 진술하였다. 이에 육사는 "의열단은 테러리즘의 전형이므로 현재로서는 무어라 대답할 수 없다. 나는 베이징에 친구가 있으니 그곳에서 일

윤세주

할 생각이므로 지금 대답할 수 없다"고 일제 심문에 답했다. 이것은 일본 경찰의 심문에 육사가 처음부터 군사간부학교를 목적지로 삼았던 것이 아니라는 점을 강조하려던 계산이 드러나는 대목이다. 이러한 정황을 내세우려고 그는 베이징의 동창생 이야기를 끄집어냈을 것이다.

육사는 펑톈을 떠나 톈진으로 향한 날이 7월 20일이고, 다시 톈진에서 베이징으로 가서 3주일 머물다가 9월 말에 난징으로 향했다고 진술하였다. 베이징에서는 중궈대학 동창생인 중국인 자오스강趙世鋼(당시 지방재판소 검사로 근무) 집에 3주일 머물면서 취직하려 노력했지만 뜻을 이루지 못했다고 그는 밝혔다. 육사는 베이징에서 다시 톈진으로 돌아가 윤세주에게 군사간부학교에 들어갈 뜻을 밝혔다고 뒷날 진술하였다. 윤세주가 톈진에서 육사를 기다리고 있었던 셈이다. 난징으로 가자면, 어차피 톈진과 푸커우浦口(난징북역이 되었다가 현재 폐역)를 잇는 진푸선津浦線 기차를 이용해야 했다.

육사가 일제의 심문을 당하는 과정에서 말한 것을 그대로 받아들일
수는 없다. 그는 처음부터 군사간부학교로 갈 생각이 없었고, 그저 취직
을 꿈꾸고 베이징으로 갔던 것이라 말했지만, 이는 진실을 감춘 진술이
었다. 그가 만주로 거듭 나들이한 이유가 단순히 취업이 아니라는 점은
쉽게 헤아릴 수 있다. 그는 신문기자였다가 사직하였지만, 달리 다른 직
업을 추구한 자취도 없기 때문이다. 이는 심문을 받는 처지에서 자신을
방어하려는 계산으로 던진 꾸밈말이었을 것이다.

9월 중순에 육사는 처남 안병철安炳喆·윤세주·김시현金始顯(의열단 베이
징지부장)과 함께 텐진을 떠나 난징으로 옮겨갔다. 여기에 함께 길을 떠
난 처남 안병철은 경상북도 영천군 지곡면知谷面(현 화북면華北面) 오산동梧山
洞 1139번지 출신으로, 1908년생이고, 별명은 서가중徐嘉中인데, 1927년
안동경안학원(사립중등정도)을 졸업했다고 한다. 그렇지만 경안학원은
경안노회가 1924년 봄에 설립하였다가 재정 악화로 2년 만인 1926년
6월에 폐교한 중등학교였기 때문에, 안병철의 졸업은 1927년이 아니라
1926년일 것이다. 그는 이 학교를 졸업한 뒤 군 삼림조합 기수보技手補로
취업하고, 1931년 여름에 오른발 뼈가 부러져 퇴직했으며, 1932년 8월
에 펑톈을 떠나 난징의 군사간부학교에 들어갔다. 그의 이름을 안병정安
炳晶이라 적은 경우도 있으나, 이것은 잘못이다.

또 난징으로 함께 길을 나선 김시현은 안동 풍산읍 현애玄厓마을 출
신이다. 그는 1921년 모스크바에서 열린 극동민족대회에 참석하고,
1923년 국내로 무기를 대량 갖고 들어왔다가 체포되어 1929년 1월에
풀려났다. 의열단에서 군사간부학교를 만들게 되자, 김시현은 베이징에

김시현 생가

김시현

서 한인 청년들을 모집하는 책임자가 되고, 이때 육사를 만났던 것이다. 서로가 잘 아는 같은 고향 출신이므로 주고받는 정이 남달랐을 것이다.

육사와 윤세주의 인연은 깊다. 육사가 윤세주를 얼마나 극진하게 여기고 있었던가를 알려주는 글이 앞에서도 얼핏 살펴본 그의 수필 「연인기戀印記」에 등장한다. 뒷날 군사간부학교를 졸업하고 국내로 침투하기 직전에 가진 '최후의 만찬'에서 그는 'S'라고 칭하는 동지에게 가장 아끼던 도장 재료를 선물하였는데, 다음과 같이 그의 마음을 표현하였다.

그 뒤 나는 상해上海를 떠나 조선朝鮮으로 돌아오게 되었고 언제 다시 만날런 지도 모르는 길이라 그곳의 몇몇 문우文友들과 특별히 친한 관계있는 몇 사람이 모여 그야말로 최후의 만향晚饗을 가치하게 되었는데 그 중 S에게는 나로부터 무엇이나 기념품을 주고 와야할 처지였다. 금품을 준다해도 받지도 않으려니와 진정을 고백하면 그때 나에겐 금품의 여유란 별로 없었고, 꼭 <u>목숨 이외에 사랑하는 물품이래야만</u>(밑줄 - 필자 주) 예의에 어그러지지 않을 경우이라, 나는 하는 수 없이 그 귀여운 비취인翡翠印 한 면面에다 '증S·1933·9·10·陸史'라고 새겨서 내 평생에 잊지 못할 하루를 기념하고 이따를 돌아왔다.

육사가 이처럼 "목숨 이외에 사랑하는 물품이래야만" 되는 기념품을 주어야 할 인물이 누구인지 궁금하지 않을 수 없다. 특히 'S'라는 이니셜로 표현된 인물을 생각해보면, 석정 윤세주 외에 뚜렷하게 떠오를 인물이 없다. 펑톈에서 만나 군사간부학교에 입교하도록 권하고 또 그것을 주선한 인물이 윤세주요, 국내 침투를 앞두고 여비를 마련해준 인물도 바로 석정 윤세주였다. 그러므로 여기에 등장하는 'S'를 석정 윤세주로 보는 것이 가장 합리적이다. 그리고 이를 통해 육사와 윤세주와의 만남과 인연을 헤아려볼 수 있기도 하다.

의열단, 난징에 조선혁명군사정치간부학교를 열다

의열단이 난징에 조선혁명군사정치간부학교를 열게 된 때는 1932년 10월이다. 1920년부터 상하이를 중심으로 활약하던 의열단은 1925년을 지나면서 노선을 크게 바꾸었다. 적 요인을 암살하고 침략통치기관을 박살내는 의열투쟁만으로 독립을 달성하기 어렵다고 판단하고, 독립전쟁으로 방략을 전환한 것이다. 1926년에 의열단 지도급 인물들이 황푸군관학교에 들어가 교육받은 이유가 거기에 있었다. 이러한 변화는 김구·안창호·이회영·김창숙 등이 한국노병회·이상촌·자치촌·군사기지 건설 등을 계획하면서 군대를 길러 전쟁을 벌여야 한다고 계획을 세우고 밀고나가던 것과 서로 통한다. 다만 의열단은 핵심인물이 직접 군사교육을 받아 스스로 군사력 양성의 초석이 되려고 뛰어들었다는 점에서 앞의 인물들과는 차이를 보였다.

의열단의 방향 전환에는 1924년 제1차 국공합작이 체결되면서 황푸군관학교가 문을 연 것도 배경으로 작용하였다. 김원봉은 1924년 초에 광둥廣東에서 중국국민당 정부측과 접촉했고, 쑨원을 만나 군관학교 입교를 허락받았다. 중국국민당과 밀접한 관계를 가진 대한민국 임시정부도 한인 청년들을 입교시키려고 교섭하였고, 이 밖에도 여운형·손두환 등도 또한 입교생들을 알선하였다. 그 결과 한인 청년의 첫 입교는 3기부터 이루어졌는데, 4·5기생은 30명도 넘게 확인될 정도다. 그리하여 1926년 3월 김원봉을 비롯한 한인 청년 24명이 4기로 입교하였다. 그 명단은 다음과 같고, 이 가운데 12명이 의열단원으로 파악된다.

황푸군관학교

보병과: 강평국姜平國 · 권준權畯 · 김종金鐘(金容宰) · 노일룡盧一龍 · 박효삼朴孝三 · 왕자량王子良 · 이집중李集中 · 이기환李箕煥 · 최림崔林(김원봉) · 최영택崔泳澤 · 양검楊儉(이상 11명 의열단원) 박건웅朴建雄 · 윤의진尹義進 · 이종원李鍾元 · 전의창田義昌 · 이우의李愚懿 · 유원욱柳遠郁

포병과: 오세진吳世振

공병과: 김홍묵金洪黙

정치과: 문선재文善在 · 박익제朴益濟 · 백홍白紅 · 노세방勞世芳 · 노건盧建(의열단원)

의열단원들은 황푸군관학교를 졸업하면서 국공분열國共分裂이라는 격

변에 휘말렸다. 이것은 중국국민당과 중국공산당이 1924년 1월부터 합작해온 것을 깨고 다시 나뉘는 혼란이었다. 의열단 주역들은 난창南昌과 광저우廣州에서 일어난 봉기의 소용돌이를 벗어나 상하이로 이동했다. 이들은 그곳에서 조직 재정비와 민족협동전선 성취를 눈앞의 목표로 삼았다. 그래서 중국 본토지역에서 펼쳐지던 민족유일당운동을 지켜보면서, 의열단은 나아갈 방향을 정당조직체 변신으로 잡았다. 이를 바탕으로 좌우로 나뉜 독립운동계를 하나로 묶는 협동전선을 밀고나간다는 것이 그들의 계획이었다.

의열단은 먼저 조직 성격을 정당체로 바꾸어나갔다. 1928년 10월 4일 발표된 조선의열단 제3차 전국대표대회선언의 정강·정책은 그러한 사실을 보여준다. 이는 의열단이 항일투쟁단체만이 아니라 근대민족국가 건설을 목표로 삼는 정치단체라는 사실을 내세운 것이다.

김원봉을 비롯한 의열단의 핵심인물들은 1929년 봄 베이징으로 이동하였다. 안광천과 함께 그해 가을부터 조선공산당재건동맹과 그 부속기관인 조선공산당재건준비위원회에 관여하고, 레닌주의정치학교를 운영하였다. 그러다가 1931년 9월 일본의 만주침공이 시작되자, 이들은 난징으로 이동하였다. 이는 황푸군관학교 동기생들이 터 잡고 있는 중국국민당정부의 세력 범위 안으로 들어가 군사간부학교를 세우고 항일전에 참가할 독립군 장교를 길러낼 계획을 추진하는 길이었다. 김원봉은 황푸군관학교 4기 동기생들이 중국국민당 군사위원회에 대거 자리 잡고 있던 점을 헤아려, 이들과 사업 방향을 논의하였다.

의열단이 난징으로 옮긴 때는 1931년 말에서 1932년 초 사이였다.

의열단은 1932년 난징에 터를 잡은 뒤 1937년 일본군이 이곳을 점령할 때까지 5년 동안 난징시대를 보냈다. 이 시기의 의열단 역사는 두 가지로 정리된다. 하나는 민족협동전선운동의 추진이라는 정치운동이요, 다른 하나는 조선혁명군사정치간부학교를 세워 독립군 초급장교를 길러 낸 것이다.

정치운동은 1920년대 후반 중국 본토지역에서 전개된 민족협동전선운동인 민족유일당운동을 계승한 것으로 대일전선통일동맹으로 재기되었다가 1935년에 그 성과를 나타내기에 이르렀으니, 그것이 바로 조선민족혁명당 결성이다. 흔히 민족혁명당이라 불리는 이 정당 결성에 의열단이 핵심 구실을 맡게 된다.

다음으로 군사간부학교 설립과 운영은 독립전쟁을 지향하는 군사력 양성 활동이었다. 바로 이 군사간부학교에 육사가 제1기생으로 입교하고 초급군사간부로 육성된 것이니, 이를 주목하지 않을 수 없다.

의열단은 1932년 10월부터 1935년 9월까지 3년 넘는 동안 군사간부학교를 운영하여 1기 26명, 2기 55명, 3기 44명 등 모두 125명을 초급장교로 길러냈다. 오늘날 사관학교와 마찬가지였으니 소위에 해당하는 독립군 초급장교를 육성한 것이다. 이 학교가 겉으로 내건 정식 이름은 중국국민정부 군사위원회 간부훈련반 제6대였다. 이름에 한국이나 조선이라는 국적을 드러내지 않고 중국국민정부 군사위원회 소속으로 표기한 이유는 일본의 추적을 피하려는 데 있었다. 그리고 '조선혁명군사정치간부학교'라는 이름은 황푸군관학교의 정식 명칭인 '국민혁명군중앙군사정치학교'에서 따온 것으로 보인다. 이처럼 군사간부학교 설립은

한·중 연대의 대표적인 결실이라 할 만하다. 의열단으로서도 이 사업은 독립전쟁을 내다보며 군사력을 키우면서, 아울러 단 조직을 재정비하고 세력도 강화할 수 있는 것이었다.

군사간부학교의 설립 노력은 의열단 지도부가 1932년 난징에 모이면서 본격화되었다. 의열단 주역들은 1932년 3월초부터 황푸군관학교 4기 출신으로 산민주이리싱서三民主義力行社의 서기인 텅제藤傑와 논의하여 6~7월에 중국국민당 군사위원회의 승인을 받아냈다. 이를 바탕으로 1932년 9월 의열단은 제6차 정기대회에서 "한중합작으로 군관학교를 설립하여 조선혁명당 조직에 필요한 전위투사를 양성한다"는 방침을 결정했다. 이것은 의열단이 1928년 11월 창립 9주년 기념선언문에서 "개인폭력중심 노선에서 전투적 협동전선"으로 전환하겠다던 방침과 연속선상에서 이해된다.

중국국민당정부가 의열단의 제의를 받아들여 군사간부학교를 마련해 준 데는 두 가지 사실이 배경으로 작용했다. 하나는 이봉창·윤봉길의거로 과시된 한민족의 항일 역량을 수용한다는 인식이고, 다른 하나는 의열단 간부들이 황푸군관학교 출신이요, 장제스와는 사제지간이라는 인연이다. 또 장제스가 산민주이리싱서라는 비밀기구를 통해 지원하도록 지시한 이유는 일본과의 마찰을 미리 막으려는 의도에서 나온 것이었다. 산민주이리싱서는 란이서藍衣社라는 다른 이름도 갖고 있었는데, 장제스의 입지를 강화하기 위한 비밀조직이었다.

장제스의 지시 아래 산민주이리싱서의 하부조직인 민족운동위원회가 조선혁명군사정치간부학교 지원을 담당하였다. 담당 인물은 산민주이리싱서 후보간사 겸 민족운동위원회 주임위원인 간거쉰干國勳(황포 5기)과 산민주이리싱서 초대서기 텅제였다. 먼저 텅제가 김원봉의 지원 요청을 장제스에게 보고하여 승인을 얻었다. 다음에 민족운동위원회에서 이를 간거쉰으로 하여금 김원봉과 상의하도록 결정했다. 그래서 김원봉은 간거쉰과 훈련인원·기간, 교육과정, 설립·운영경비, 졸업 후 활동방안 등 세부계획을 세웠고, 장제스가 결재함으로써 최종 확정되었다.

간부학교 설립의 궁극적인 목표는 '한국의 절대독립'과 '만주국의 탈환'이었다. 그리고 졸업생에게 주어진 다섯 가지 활동방침은 국내와 만주지역에 파견되어 "일만요인日滿要人의 암살, 재만 항일단체와의 제휴, 선만鮮滿 노동농민층에 대한 혁명적 준비 공작, 위조지폐 남발을 통한 만주국의 경제 교란, 특무활동에 의한 물자 획득" 등이었다.

1기생의 훈련 장소는 보안을 지키기 위해 난징 동쪽, 시내를 벗어나 항저우杭州로 가는 닝항공루寧杭公路를 따라 16km 정도 떨어진 탕산전湯山鎭에 마련했다. 그것도 탕산전 소재지를 벗어나 시골 마을에 터를 잡은 선사묘(善祠廟 또는 善寺廟, 善壽庵)라는 사찰이 선정된 것이다. 선사묘는 1994년 무렵 상하이와 난징을 잇는 고속도로 건설로 말미암아 없어졌다. 그 자리는 고속도로 탕산전 출구 동쪽 500미터 지점인데, 그 중심부는 도로 한복판이 되어 아무런 자취도 찾을 수 없고, 지금은 마을 주민들의 증언으로만 현장 위치를 헤아릴 수 있을 뿐이다.

일본의 밀정들은 이를 찾아내려고 눈에 불을 켰다. 그들을 따돌리려니 군사간부학교는 한 자리에서 계속 운영할 수는 없었다. 따라서 2기는

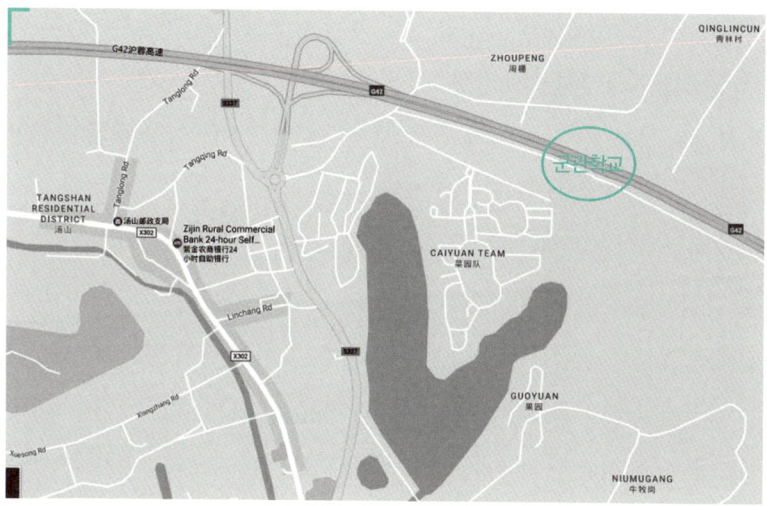
군사간부학교 자리

선사묘(1994)   선사묘 터 위로 고속도로가 지난다.

장쑤성江蘇省 장닝진江寧津, 3기는 난징 교외 황룽산黃龍山 톈닝쓰天寧寺로 각각 장소를 이동하여 교육과정을 이수하였다. 그러니 눈에 잘 띄지 않는 폐사찰을 사용하거나 새롭게 땅을 개척해야 하는 어려움을 겪게 마련이었다.

군사간부학교의 운영에 필요한 재정은 중국 정부에서 지원하였다. 물론 김원봉의 동기생들이 적극 지원하는 바람에 가능했다. 운영비로 경상비와 임시사업비 및 졸업생 파견에 필요한 비용 등이 주어졌는데, 그 창구가 바로 산민주이리싱서였다. 경상비에는 교관들의 월급 30~40원씩도 들어 있었다. 이 밖에도 물자와 인력도 지원되었다. 총기와 탄약, 물자 장비가 제공되었고, 교육을 보조할 중국군 장교와 근무병 3명, 취사병 4명도 파견되었다. 즉 중국국민당 정부의 인적·물적 지원 아래 간부학교가 운영되었고, 특히 입교식과 졸업식 등 행사에는 국민당 정부 대표도 참석하여 격려해주었다.

간부학교의 운영은 의열단이 독자적으로 추진하였다. 그 조직을 보면, 초기에는 교장(주임)에 김원봉, 비서겸 교관에 왕현지王現之가 각각 맡았고, 군사조에 이동화李東華·김종·권준, 정치조에 김정우金政友·왕현지·한모韓某(한일래), 총무조에 이집중·필성초畢性初(중국인), 대부실隊附室에 신악·노을룡·이철호李哲浩·의관실醫官室에 대戴 씨 성을 가진 중국인 등이 맡았으며, 외교주임은 김원봉이 겸임했다. 이들은 모두 오래전부터 군사학을 익힌 전문가들이었다.

간부학교는 학원學員(생도)들을 구대區隊 단위로 편성하였다. 대장隊長 아래에 구대장區隊長을 두었다. 육사가 다니던 1기생 시절의 대장과 구대

군사간부학교 1기 교관

이름	본명	의열단 · 민족혁명당 관련 사항
왕현지	李英俊	민족혁명당 중앙조사부장, 선전부장
이동화		러시아어 능통 폭탄제조기술 습득
김종		조선의용대 機要組 설계주임, 광복군 제1지대 1구대장
권준	權重煥	황포 4기, 국민군 장교, 조선의용대 창설에 의열단 합류
김정우	박건웅	황포 4기, 1기 졸업후 의열단 이탈, 조선민족해방동맹 결성, 임시정부 군무부비서
한일래		민족혁명당 화남지부 총책임자
이집중		민족혁명당 특무부원, 중앙검사위원, 조선의용대 총무조장
신악		민족혁명당 중앙서기부 재정과장, 조선의용대 기요조, 광복군 제1지대 隊附
노을룡		민족혁명당 간부, 부일배 응징 담당
이철호		운남강무학교 졸, 황푸군관학교 조교, 국민혁명군 連長 역임

장 기록은 알려지지 않는다. 2기에는 대장에 이동화, 구대장에 양진곤楊振崑 · 김세일金世日 · 진유일陳唯一(이상 1기)이었고, 3기 대장에 김세일, 구대장에 오균吳均 · 하진동河振東(이상 2기)이었다. 보안을 지키려고 교관이나 입교생들은 모두 합숙생활을 했다. 그런데 교관은 입교생들과 달리 난징성 남서쪽 모퉁이 밍양제鳴羊街 후자화위안胡家花園에 있던 김원봉 거주지에서 모여 지냈다. 후자화위안이 있던 장소에 대해 국내의 자료들은 밍양제 또는 화루강花露崗으로 다르게 기록되어 있다. 이것은 바로 후자화위안의 동쪽 골목이 밍양제이고 북쪽 골목이 화루강이기 때문이다. 명나라 시절부터 있던 대저택인 이 화원은 대대적인 수리와 복원을 거

후자화위안(2016)

쳐 2016년 5월 공원으로 문을 열었다. 본래 그곳에 먀오우루위안妙悟律院과 이란찬린怡然禪林이란 암자도 있었고, 이곳에 교관들이 거주했다.

조선혁명군사정치간부학교를 졸업하다

의열단장 김원봉을 만나다

육사는 1932년 9월 중순에 베이징을 떠나 난징으로 향했다. 그를 권했던 윤세주, 같은 안동 출신 김시현 그리고 육사의 처남 안병철이 일행이었다. 톈진역을 떠난 일행은 진푸선 종착역인 난징의 장강 건너편 푸커우참浦口站(푸커우역, 난징북참北站으로 쓰이다가 폐쇄되고 난징시문물보호단위가 되어 보존되고 있음)에 내렸다. 여기에서 미리 연락을 받고 나온 이춘암李春岩을 만났다. 육사는 이춘암을 당시 중국 헌병으로 근무하던 의열단원이라고 표현했다. 이춘암은 번해량藩海亮이라는 이름도 사용하였는데, 황푸군교 5기생으로 1926년 의열단 제2차 대표대회에서 중앙집행위원 후보위원이 되었고, 1938년에는 조선의용대 창설 당시 총대부總隊部(본부)에 속해 김원봉의 측근으로 활약했다. 1939년에는 기요조機要組의 인사주임

푸커우역(2016)

이자, 민족혁명당 중앙집행위원으로 활동했다. 육사가 이춘암을 만나던 1932년, 그는 김원봉의 가장 측근에서 활약하고 있었다.

  육사와 처남 안병철은 이춘암이 지정해둔 여관에 잠시 머물고 있었다. 그 사이에 윤세주·김시현·이춘암이 김원봉을 안내해왔다. 육사는 김원봉을 "37~38세의 검은 안경을 쓴 한 조선인"이라 표현하였다. 육사로서는 감격스러운 순간이었다. 1919년에 조직된 의열단의 활약이 1920년대 전반기에 나라 안팎 곳곳에서 펼쳐졌고, 그럴 때마다 육사도 흥분된 마음으로 들었을 것이다. 더구나 1927년 가을에 장진홍의거로 말미암아 의열단과의 관련성을 추궁당하고, 끝내 1년 반 가까이 억울한 옥살이를 겪은 그로서는 의열단장 김원봉의 존재는 대단하지 않을 수 없었다. 민족혁명 최전선에 나서서 10년 넘게 이름을 드날린 선배요, 입교할 조선혁명군사정치간부학교의 교장을 만나는 자리니만큼, 아무리 차분한 육사로서도 조금은 흥분할 만한 순간이었을 것이다.

푸커우에서 난징으로 가자면 배를 타고 창장長江, 곧 양쯔장揚子江을 배로 건너야 했다. 1968년에 도로교량 4,589m, 철도교량 6,772m를 자랑하는 창장대교가 완공되고, 특히 근래에는 긴 대교만이 아니라 강바닥 아래로 터널이 생겨 자동차와 기차로 넘나들 수 있게 되었지만, 그 이전에는 반드시 배로 강을 건너야만 했다. 육사를 비롯한 일행은 김원봉과 그 계열의 인물이 머물던 후자화위안으로 갔다. 육사는 그곳에서 소지품을 맡기고 군복으로 갈아입었다. 이제 군사간부학교로 들어가는 첫 단계를 들어선 것이다.

육사는 후자화위안에서 먀오우루위안이나 이란찬린에서 머물렀을 것이다. 이 가운데 먀오우루위안은 2003년에 구와관쓰古瓦官寺라는 이름으로 다시 문을 열었다. 화루강花露崗 12호에 있는 이 절은 364년 동진東晉 시대에 문을 열었는데 본래 도자기를 관리하던 관청이 있어 와관쓰로 이름이 붙여졌다. 천태종인 이 사찰은 중국국민당정부 시기에 먀오우뤼위안, 또는 먀오우안妙悟庵으로 불렸다. 문화혁명을 거치면서 훼손되었다가 2003년에 다시 손질하여 문을 열면서 본래의 옛 이름을 되살려 구와관쓰가 된 것이다. 사찰 마당 한 구석에는 "妙悟律院"이라 새겨진 돌이 남아 있어서 육사가 활동하던 시절의 이름을 알려주고 있다. 이 사찰은 중국 천태종의 본거지였던 역사를 되살리기 위해 복원하려는 계획을 갖고 있다. 따라서 이 절도 얼마 지나지 않아 또 변하게 될 것 같다.

구와관쓰의 지금 구조는 육사를 비롯하여 군사간부학교 교관과 학원들이 머물던 시절과 비슷하다. 그러한 사실은 일제가 추적하여 그려둔 평면도와 지금의 건물 구도를 비교하면 쉽게 알 수 있다. 일제 정보기록

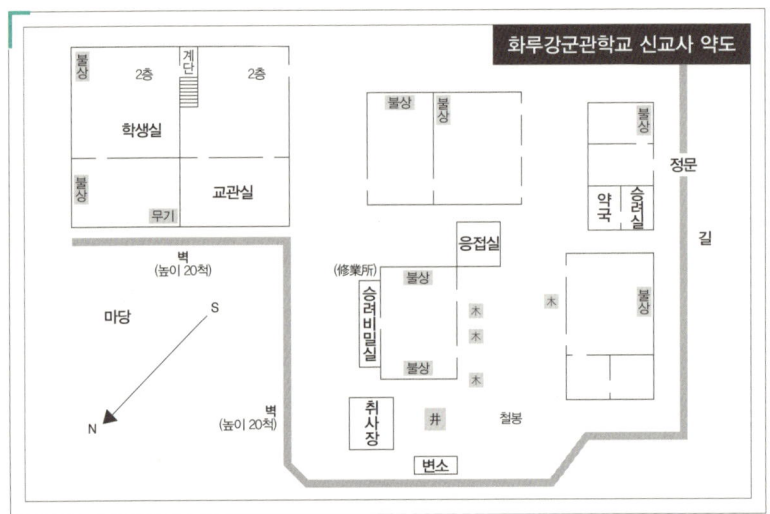

화루강군관학교 평면도

먀오우루위안 글씨가 새겨진 빗돌

에 화루강군관학교라고 기록된 내용과 평면도를 보면 지금의 구와관쓰를 가리키는 것으로 짐작된다. 구도가 거의 같기 때문이다. 그렇다면 육사를 비롯한 청년들이 군사간부학교에 들어가거나 졸업한 뒤에 후자화위안에 머물 때에는 바로 이 사찰에 있었다는 사실을 알 수 있다.

구와관쓰(2016)

육사는 도착한 다음 날 거주지를 옮겼다. 후자화위안을 나와서 쉬안우호玄武湖의 우저우공원五洲公園 근처의 중국인 별장으로 이동한 것이다. 쉬안우호는 난징성 북동쪽 해자와 연결된 큰 호수다. 둘레가 25km나 되는 난징성의 북동쪽에 있는 쉬안우호에는 다섯 개 섬이 만들어져 있다. 그래서 이를 다섯 개 주洲라고 하여 우저우공원이라고 부른다. 가로 세로 2km가 넘는 큰 호수요, 난징성의 북동쪽의 성곽 공격을 막아내는 호성하護城河 구실을 해낸다. 물길은 남쪽으로 해자인 진회하로 이어져 다시 창장으로 들어간다.

육사가 우저우공원 근처 중국인 별장에 도착했을 때, 그곳에는 이미 한인 청년 17~18명이 모여 있었다. 그곳에서 주의사항을 들었다. 식사는 직접 끓여 먹을 것이며, 절대 한국어와 일본어가 아닌, 오로지 중국어만 사용하라는 명령이었다. 창장을 따라 올라와 난징 일대를 정탐하고 있던 일제 첩보원들의 추적과 감시를 철저하게 따돌리기 위함이다.

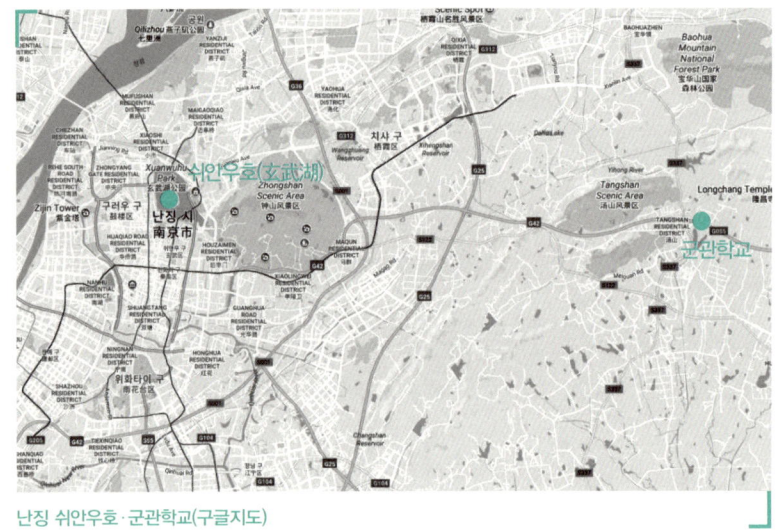

난징 쉬안우호·군관학교(구글지도)

4월 29일 윤봉길의거가 터지고, 5월 대한민국 임시정부가 항저우, 김구도 자신으로 옮기거나 숨어든 상황이니, 일제 첩보망이 더할 수 없을 만큼 철저하고 집요하던 무렵이었다. 만약 대한민국 임시정부가 난징성 안에 머문다는 사실이 밝혀지면, 상하이에 머물고 있던 전함을 장강을 거슬러 보내 난징성을 포격하겠다고 일본은 거듭 위협하고 있었다. 그러니 비밀 유지가 무엇보다 중요했다.

기회는 며칠 뒤 육사와 김원봉 두 사람만 탄 보트 위에서 생겼다. 이는 결코 우연한 기회가 아니라, 김원봉이 육사를 저울질하려는 계산이 깔린 자리임에 틀림없다. 당초 윤세주는 육사에게 정치학 교관을 맡아달라고 제의했다. 이 말은 김원봉에게도 전달되었을 것이고, 이에 따라 김원봉은 육사를 가늠해보는 기회를 만들었으리라.

쉬안우호

넓은 호수 위에 유유히 노를 젓는 낭만적인 분위기는 찾을 수 없이, 보트 위의 두 사람은 팽팽한 긴장으로 얽혀 있었을 것이다. 멀리까지 배를 저어가서 근처에 다른 보트가 없자 김원봉이 육사에게 국내의 일반 정세, 철도망, 노동자 수, 농민의 생활상태, 노동조합의 수, 노동운동에 대한 이론이나 운동 방법 등에 대해 물었다. 이에 육사는 국내 정세와 철도 및 노동자에 대해 자신이 신문이나 잡지를 통해 파악하고 있던 내용들을 상세하게 답했다. 그러면서 인정할 만한 노동조합이 존재하지 않지만 잠재력이 있다고 말한 뒤, 노동조합 조직이론에 대해 자신의 견해를 덧붙였다. 그랬더니 김원봉이 "노동층의 조직이론은 그것으로는 안 된다"고 하면서 설명을 시작하였다. 김원봉의 논리는 다음과 같았다고 뒷날 육사가 진술하였다.

노동조합을 조직함에는 평소 자기 자신이 노동자가 되어 그들의 동료로 친교하는 신임을 받도록 해야 하며, 그런 뒤에 서서히 공산의식을 주입 선전하고, 그 직장에 의열단의 소조小組라는 조직을 만들고, 그것을 기초로 하여 노동자층에「프락션」운동을 일으키지 않으면 안 된다.

-「증인 이원록 신문조서」

김원봉이 육사에게 노동자층에 공산주의운동을 펼쳐나가는 길을 일러준 대목이다. 육사는 뒷날 진술 과정에서 이러한 논리에 약간 다른 생각도 있었으나, 김원봉이라는 상대 앞에서 일단 입을 다물고 듣기만 했다고 말했다. 육사는 이 만남에서 김원봉이란 인물에 전폭적인 존경과 지지보다는 조금은 거리감을 갖게 되었다고 일본 심문에서 진술하였다. 물론 이것은 철저하게 계산된 전략적인 표현일 것이다.

조선혁명군사정치간부학교를 다니다

쉬안우호 우저우공원에서 뱃놀이를 즐긴 뒤 5일쯤 지난 9월 25일 육사는 다른 학원學員(생도)들과 함께 이동하였다. 난징 교외 16km 정도 떨어진 탕산湯山으로 가서 먼저 터 닦기 작업에 들어갔다. 교관과 학원들은 모두 훈련장으로 쓸 땅을 고르고 사찰 건물을 군사교육에 알맞게 정리하였다.

1932년 10월 20일 입교식이 열렸다. 육사를 비롯하여 제1기생 20명과 김원봉을 비롯한 교관 12명이 그 자리에 참석하였다. 그리고 뒤에 6명이 다시 들어와서 1기생은 모두 26명으로 늘어났다. 입교식을 보여주는 사진이 두 장 전해지고 있다. 한 장은 교장 김원봉이 앞에서 연설하는 장면인데, 옆에는 내빈과 교관으로 보이는 인물들이 앉았고, 다른

조선혁명군사정치간부학교 평면도

조선혁명군사정치간부학교
입교식

조선혁명군사정치간부학교를 졸업하다   111

「조선혁명군사정치간부학교 제1기생 명단」

	입교중 이름	본명/이명		입교중 이름	본명/이명
1	김세일金世日	김영재金英哉, 김련일金連日	14	이남해李南海	이무용李懋庸
2	진암陳岩	김천만金千萬, 김성제金聖濟	15	호영胡映	문길환文吉煥
3	조열趙烈	신세철申世澈	16	육사陸史	이원삼李源三, 이활李活
4	류호柳湖	신병원愼秉垣, 유형일兪亨日	17	이원李遠	
5	호평胡平	윤익균尹益均	18	진가명陳嘉明	최장학崔章學
6	왕덕해汪德海	김공신金公信	19	최성장崔成章	노철룡盧喆龍
7	장수정張守正		20	서가중徐嘉中	안병철安炳喆
8	석정石正	윤세주尹世冑	21	진량성陳良誠	곽장호郭章灝, 김수길金壽吉
9	장진산張振山	이화순李化淳	22	이자중李自重	김세옥金世玉, 김지광金芝光
10	왕진명王振鳴	노석성盧錫聖	23	한삭평韓削平	박준빈朴俊彬
11	진우삼陳友三	유기민劉基敏, 지태선池泰善	24	진유일陳唯一	이창하李昌河
12	황육수黃毓秀	정일명鄭日明	25	유복산劉福山	
13	왕권王權	김영배金永培	26	양진곤楊振崑	양민산楊民山, 김대륙金大陸

사진에는 입교생들이 꼿꼿한 자세로 앉아 있는 모습을 담았다. 이 가운데 육사가 있겠지만, 흐린 사진이어서 그를 찾을 수는 없다.

1기생들을 모으는 일은 김원봉·이철호·윤세주 등의 의열단 간부들의 연고나 친인척 관계를 통해 이루어졌다. 신병원·김영배·이무용·문길환·최장학 등은 김원봉의 처남인 박문희朴文熺가 모집하였고, 김천만·신세철·윤익균·김공신 등은 교관 이철호의 처인 최복동崔福同이, 이화순은 김원봉과 박건웅, 그리고 육사와 안병철은 윤세주가 각각 권유하였다.

입교식에는 난징의 『중궈일보中國日報』 사장과 황푸군관학교동창회장, 중국군 장교 등 여러 명의 축하객이 참석하였다. 내빈들이 중국국민당 정부의 대표가 아닌 언론계와 동창회 간부들이지만, 사실상 황푸군관학교 동기생이자 중국군사위원회 인물들이었다. 김원봉은 그 자리에서 개교사를 통해 군사간부학교의 설립이 의열단 창립 이래 줄곧 지켜온 항일투쟁 정신을 계승하고 있음을 전제하고, 이 학교의 교육 목적이 군사학과 무기사용법 등 군사지식을 배우는 것임을 밝혔다.

육사는 아침 6시에 일어나 밤 9시에 잠들 때까지 꽉 짜인 교육과정을 밟아나갔다. 오전에 학과교육, 오후에 야외훈련으로 편성된 실습교육, 그리고 저녁에는 중국어 교육을 받았다. 그가 받은 교육내용은 정치·군사·실습과목으로 구성되었다. 따라서 문학적 성향이 강한 그는 점차 군사간부로 성장하기에 이르렀다.

정치과목은 세계정세와 혁명이론에 초점을 맞추었다. 특히 지도그룹이 국공합작 기간에 황푸군관학교를 이수하면서 이미 공산주의 혁명이론을 꽤나 수용하였고, 더구나 우창봉기와 레닌주의정치학교를 운영하였던 그들이기 때문에 교육 내용이 자연히 공산주의 색채를 강하게 지녔다. 이러한 교과과목과 강사진의 특성은 뒷날 육사에게도 그대로 투영되었고, 글을 통해서도 드러나게 된다.

1기생 교과과목과 교관

정치과목		군사과목		실습과목	
정치학	한일래	보병조전步兵操典	신악	기관총조법機關銃操法	이동화
경제학	왕현지	진중요무령陣中要務令	이동화		
사회학	김정우	폭탄제조법	이동화	폭탄이용법	이동화
조직방법	김정우	측도測圖	이동화	실탄사격	이동화
철학	김원봉	사격교범	김종	부대교련	신악 이동화 노을룡
		축성학築城學	권준		

 이들 교과에는 항일투쟁에 필요한 특무공작의 지침이 포함되었다. 그 내용은 정보·첩보·파괴·선동 등 특수공작을 수행할 수 있는 구체적인 행동 요령과 활동 수칙을 교육하는 것이었다. 또한 입교생들은 교육과정에서 주 1회 정도의 토론 모임을 가졌다. 다음에 제시된 주제를 보면, 혁명의식 강화와 혁명이론 연구에 목적을 둔 이 토론회가 학원(생도)들에게 혁명의식을 불어넣는 데 초점이 맞춰졌다는 사실을 쉽게 알 수 있다.

'혁명가의 자격'
'혁명가의 인생관'
'제2차 세계전쟁과 우리들의 임무'
'입교후 감상'

 군사와 실습과목은 기본적인 전투훈련을 비롯하여 폭탄제조와 사격, 기관총 사격, 축성, 독도법 등 다양했다. 육사가 이들 교과과정에서 특별하게 자취를 보이지는 않지만, 그가 권총 사격에 있어서는 뛰어난 실력을 보였다는 말이 전해지기도 한다.

군사간부학교 재학 시절 눈길을 끄는 에피소드는 그가 김원봉 교장과는 매우 까칠한 사이였다는 이야기다. 이런 분위기를 보여주는 대목은 곳곳에 드러난다. 먼저 그가 자신을 입교하도록 권유했던 윤세주에게 말한 장면에서 그것이 확인된다. 육사는 일제 관헌의 심문에서, 윤세주가 김원봉을 어떻게 생각하느냐고 묻자 육사가 의열단 대표요, 간부학교 교장인 김원봉에 대해 부정적인 견해를 갖고 있다고 털어놓았다고 진술하였다. 이는 개인적인 인품이나 성격이 아니라 김원봉의 근본적인 태도를 비판한 것이다.

또한 육사는 김원봉이 부르주아계급을 바탕으로 삼은 중국국민당 정부의 도움을 받고 있다는 점을 지적하고, "중국의 부르주아계급과 야합"하고 있다면서 "사상이 애매하여 비계급적"이라고 비판하였다. 또 "일국일당주의에 위반하고 조선인 자신이 조선의 혁명사업을 한다는 것은 그 사람의 혁명적 정조를 의심하지 않을 수 없다"고 밝혔다(「증인 이원록 신문조서」). 이것은 김원봉에게 확실한 무산자계급 중심의 투쟁을 요구하면서 국제공산당의 '일국일당주의' 지시를 따라야 한다고 주장했다는 말이다. 한 나라에 하나의 공산당이 있어야 한다는 일국일당주의는 중국이나 일본에서 전개되는 공산주의운동이 중국공산당이나 일본공산당으로 모여야 한다는 말이다. 그렇다면 중국에서는 중국공산당으로 합류해야 하며, 중국에 조선공산당이 존재할 수는 없다고 정리된다. 이러한 육사의 견해는 시사평론을 통해 일부나마 내비치게 된다. 특히 1933년

4월 국내에서 출판된 「자연과학과 유물변증법」이란 평문은 이러한 그의 인식을 보여준다.

    1933년 4월이라는 시점은 그가 군사간부학교를 마치던 무렵이다. 훈련을 받는 동안 이 글을 써 보낼 수는 없었을 터이니, 이 글은 국내를 떠나기 전이거나 늦어도 만주를 거쳐 난징으로 가기 이전에 투고한 것임을 알 수 있다. 그렇다면 이는 군사간부학교에 들어갈 무렵 그가 마르크스주의를 받아들였음을 말해준다. 육사는 역사적 유물론으로 사회와 역사를 파악해야 하며 레닌처럼 자연사와 사회사를 통일적으로 파악하는 변증법적 유물론을 혁명가의 사상적 무기로 삼아야 한다고 주장했다. 이러한 사고는 군사간부학교 시절 내내 유지되었고, 김원봉과 한 의견 교환이나 약간의 논쟁 속에서도 그러한 면을 드러냈다. 다시 말하자면, 육사는 국내를 떠나기 전부터 그러한 인식 틀을 가졌고, 군사간부학교 시절에도 유지했다는 것이다.

    여기에서 한 가지 되짚어볼 점은 육사가 일제 관헌에게 진술할 때 김원봉을 조금이나마 부정적으로 표현한 사실이다. 여기에는 육사가 일제의 심문에 대응하면서 일부러 김원봉과 거리감을 강조한 계산적인 답변일 수도 있고, 실제로 자신이 바라보는 혁명의 길과 김원봉의 생각이 조금은 달랐을 수도 있다.

졸업 기념으로 연극을 공연하다

육사는 1기생으로서 6개월 과정을 마치고 1933년 4월 20일 졸업했다.

한 명의 탈락자도 없이 육사를 포함한 26명 모두가 졸업하게 된 것이다. 오전 11시 시작된 졸업식에서 교장 김원봉을 비롯한 14명의 교관, 『중궈일보』 사장 캉쩌康澤, 중국인 교관 셰중융協中庸 등이 참석하였다. 식장에는 태극기와 중국의 청천백일기가 교차되어 걸리고 다음과 같은 표어가 강당 앞에 붙었다.

'타도 일본제국주의'
'조선혁명군사정치간부학교 서울 이전'
'조선혁명성공만세'
'중한연합혁명성공 만세'
'세계피압박민족연맹 만세'
'동삼성에서의 일본제국주의 구축'

졸업식은 교관 이동화의 개회선언, 교가 합창, 개회사, 캉쩌와 셰중융의 축사, 교관 이철호의 축사, 졸업생 대표 양진곤의 답사, 교가 합창, 구호 제창, 폐회 등의 순서로 진행되었다. 교장 김원봉은 졸업생들이 개별공작에 착수할 것임과, "조선의 절대독립과 동삼성東三省의 탈환"을 위해 헌신할 것을 당부하였다.

졸업하던 날 저녁 여흥 무대를 알려주는 자료에서 육사의 모습이 드러난다. 연극 세 편이 공연되었는데, 육사가 쓴 「지하실」, 호평胡平(윤익균)이 쓴 「삼십절병원三十節病院」과 「손수레」 등이 그것이다. 육사가 창작한 「지하실」의 줄거리는 다음과 같다.

경성의 모 공장 지하실의 어두운 방에서 노동자 일동이 일을 하고 있는데 라디오 방송으로 「모월 모일 우리 조선혁명이 성공하다」라는 보도가 있고, 계속하여 지금 용산의 모 공장을 점령하였다든가, 지금 평양의 모 공장을 점령하였다든가, 지금 부산의 모 공장을 점령하였다든가 하는 방송을 해오고, 마침내 공산제도가 실현되어 토지는 국유로 되어서 농민에게 공평하게 분배되고, 식당·일터·주거 등이 노동자 등에게 각각 지정되어 완전한 노동자·농민이 지배하는 사회가 실현되었으므로 농민·노동자는 크게 기뻐하여 「조선혁명성공만세」를 고창하고 폐막하였다.

이 내용은 육사가 계급해방을 통해 민족해방을 이루려는 뜻을 가졌음을 보여준다. 노동자·농민이 주체가 되고 공산제도를 실현하는 사회, 그래서 조선혁명을 달성하는 세계를 꿈꾼 그의 인식이 짧게나마 드러난다. 육사는 대본을 쓴 것만이 아니라 직접 연극배우로 출연하기도 했다. 그 자신의 작품인 「지하실」에서는 방송국의 서기로, 「손수레」(또는 車)라는 작품에서는 대학교수 역을 맡기도 했다(「金公信 신문조서」제2회).

육사가 맡은 임무

육사는 앞으로 펼칠 투쟁 방향과 자신의 임무를 논의하는 자리를 가졌다. 졸업에 앞서 그는 김원봉과 면담을 했다. 『중궈일보』 사장 캉쩌도 참석한 자리에서 육사는 스스로 생각하고 있던 투쟁 방향을 다음과 같이 털어놓았다.

나는 도회지 생활이 길어서 도회지 사람의 심리를 잘 이해하고 있으므로 도회지에 머물러 공작을 할 생각이다. 곧 도회지의 노동자층을 파고들어서 공산주의를 선전하여 노동자를 의식적으로 지도 교양하고, 학교에서 배운 중한합작의 혁명공작을 실천에 옮겨 목적을 관철한다.

- 「증인 이원록 신문조서」

이 자료는 육사가 도시의 노동자층에 활동의 초점을 맞추고 있음을 알려주고 있다. 또한 그가 노동자들에게 공산주의를 선전하여 혁명공작을 실천에 옮긴다는 목적을 분명하게 드러낸 자료이기도 하다. 이러한 내용은 앞서 그가 쓴 연극 내용에서도 그대로 드러났다.

그런데 졸업식 후, 육사를 비롯한 졸업생들은 교장 김원봉과 개별적인 면담을 가져 활동 방향 지침을 받았다. 1기 졸업생에게 주어진 핵심 임무는 만주지역 파견요원이 되는 것과 2기생 교육을 위한 교관요원으로 남는 두 가지였다. 1기 졸업생들의 투쟁 방향에 대한 의열단의 기본 방침은 만주지역 파견이었다. 육사의 처남 안병철이 만주로 파견된 것도 그러한 사례에 속한다. 하지만 대다수 졸업생은 국내활동을 희망함에 따라 각자의 연고지에 파견되기에 이르렀다. 1기생의 주된 사명은 앞으로 적극화될 의열단의 국내활동에 필요한 기틀을 조성하는 데 두어진 셈이다. 때문에 구체적인 활동지침도 겉으로 야학회를 비롯한 온건한 공개조직으로 민력民力을 기르고 결속력을 키우는 데 비중을 두었다. 또 일부 졸업생은 조직 활동을 강화하기 위해 통신연락 활동에 배치되기도 하였다.

2기생 교육을 위해 교관요원의 임무를 부여받은 인물로 윤세주가 대표적이다. 그는 뒷날 민족혁명당과 조선의용대의 핵심간부를 지내다가 황허黃河를 건너 북상하게 된다. 진유일도 졸업 후 2기생 교관과 학감이 되었으며, 여러 차례 산하이관山海關을 넘어 만주지역을 오가며 연락을 맡았다. 또 양진곤·김세일·진유일 등 3명은 2기 구대장으로 활약했다. 그리고 1기생 가운데 장수정·석정·황육수·진가명·최성장·진량성·한삭평·유복산·양진곤 등은 민족혁명당원으로 활약하게 된다.

　육사는 교장 김원봉과 만남에서 국내로 잠입하여 활동하겠다고 말했다. 그러자 김원봉은 육사에게 "그대와 같은 수재를 조선으로 돌려보내는 것은 유감"이라고 하면서 러허熱河 방면에 가서 활동하든지 아니면 펑궈장馮國章 군대에 입대하기를 권했다. 그렇지만 육사는 귀국 방침을 고집하였다.

　이에 김원봉은 두 가지 사명을 그에게 주었다. 하나는 국내 노동자·농민에게 혁명의식을 고취하는 것이고, 다른 하나는 2기생을 모집하여 파견하는 것이었다. 졸업생들에게 입교생 모집에 노력하라는 주문이나 또 노농대중을 조직하고 이를 토대로 유격대를 건설하고 전쟁이 발발할 경우 국내에서 무장투쟁을 일으키게 한다는 것은 국내외로 파견되는 요원들에게 공통적으로 주어진 임무였다. 김원봉이 육사에게 앞으로의 투쟁방향을 물었을 때, 그는 "조선독립운동을 위해서는 조선으로 돌아가서 노동자·농민에게 독립사상을 고취하여야 한다고 주장했더니, 김원봉은 그러면 조선으로 돌아가서 의열단을 위해 사력을 다하여 활동하라 하고, 다음 번 반원을 모집하여 밀파하라는 사명을 받고, 여비로서 10원

혹은 30원을 주었다"고 진술하였다. 이때 그는 귀국한 뒤 활동방법을 『조선일보』에 복귀하고, 언론활동으로 민족독립의식을 심겠다는 속셈을 가졌을 것 같다. 그가 귀국 이후 실제로 조선일보사 대구지국 기자가 되기 위해 노력한 점이 그를 말해준다.

육사는 의열단원이었을까

의열단에서 만든 군사간부학교를 나왔는데도, 육사가 의열단에 가입했는지에 대한 의문은 여전히 남아있다. 대다수 연구들이 『기려수필騎驢隨筆』과 같은 기록을 보고 육사가 1920년대 중반에 이미 의열단원이 되었다고 적어왔다. 그런데 그는 일제 심문 과정에서 의열단이 세운 군사간부학교를 다니고 졸업했지만, 정작 "의열단에 가입하지 않았다"고 단호하게 잘라 말했다. 이를 어떻게 생각하고 받아들여야 할까.

일제의 심문기록을 보면, 육사는 김원봉과 관련된 내용은 대부분 갈등 관계로 표현하였다. 특히 윤세주 앞에서 김원봉을 비판하는 장면은 대단히 사실적이다. 사상적으로나 행적으로나 김원봉이 잘못하고 있다고 생각되는 부분을 과감하게 윤세주에게 털어놓았다고 그는 진술했다. 그래서 육사는 김원봉에게 소외되거나, 심하게는 스파이로 의심받는 일마저 생겼다고 말했다. 그러니 학원(생도) 전원을 4인 1조로 삼아 의열단 소조를 조직했지만, 자신만 거기에서 제외되었노라고 육사는 진술하기도 했다.

물론 그가 전략적으로 의열단원이 아니라고 내세울 법도 하다. 또 그렇게 이해하는 견해도 있다. 육사가 일제의 처벌 수준을 머릿속으로 계산하여 애써 김원봉과의 불화를 말하고, 의열단과 거리를 두는 진술을 거듭했으리라는 판단이 크게 무리해 보이지는 않는다.

하지만 다시 뒤집어 보면, 의열단원이 아닐 수 있다는 생각도 든다. 진술 곳곳에서 그가 기본적으로 김원봉의 사상과 행적에 불만스러워한 사실만은 분명해 보인다. 매우 구체적이고 논리적이기 때문이다. 만약 징벌의 수위를 낮추기 위해 그가 일부러 김원봉과의 불화를 앞세우고 의열단에 가입하지 않았다고 말했다면, 그것이 일제의 계산에 잡히지 않았을까? 육사가 거짓으로 진술하여 돌파구를 찾으려 해도, 일제 경찰이 쉽게 알아차릴 것이라는 사실을 그 자신은 잘 알고 있었을 것이다. 숱하게 감옥을 드나든 그로서는 일제의 속셈과 계산의 깊이를 모를 리 없었을 테니까. 그 정도의 말솜씨에 넘어갈 일제도 아니거니와, 그런 정황을 헤아리지 못할 육사도 아니었을 것 같다.

의열단원이 아니라고 하여 징벌 수위가 낮아졌을 것 같지는 않다. 이미 군사간부학교까지 졸업하고 국내로 침투한 그였다. 거기에 의열단원이라는 경력이 덧붙여진다고 하더라도 징벌의 수위가 훨씬 무겁게 덧붙여질 상황은 아닐 듯하다. 군사간부학교를 졸업하고 국내로 잠입한 사실이 모두 드러나 있는데, 의열단 가입 여부가 그리 중요한 변수로 작용하지는 않았을 것 같다. 그래서 육사가 의열단이 세운 군사간부학교를 나왔으므로 의열단의 범주에 속한다고 하더라도, 의열단원이 되었다고 보기에는 문제가 남는다.

상하이를 거쳐 국내로

난징에서 국내 침투 준비

4월 20일 졸업한 뒤, 육사는 그 달 하순에 난징성 안으로 이동하였다. 그는 먼저 난징성 안 후자화위안에 딸린 스마후퉁石馬胡同 골목의 박문희 朴文熺(김원봉 아내인 박차정의 오빠) 집에 머물렀다. 5월 15일에 난징을 출발하여 상하이로 이동할 때까지 육사는 한 달 남짓 난징에서 지냈다. 잠시 난징성 안에서 지내는 동안 푸즈먀오夫子廟(孔子 사당) 부근을 거닐며 도서관을 가거나 헌책방과 골동품 가게를 기웃거렸다. 그러한 장면은 앞에서 윤세주를 만난 인연을 말할 때 비취도장 선물 이야기를 담은 육사의 회상기 「연인기戀印記」에 마치 봄비처럼 차분하게 표현되어 있다.

봄비 잘 오기로 유명한 남경의 여관살이란 쓸쓸하기 짝이 없는 것이라 나는 도서관을 가지 않으면 고책사古冊肆나 고동점古董店에 드나드는 것으로 일을 삼았다. 그래서 그곳서 얻은 것이 비취인장翡翠印章 한 개였다. 그다지 크지도 않았건만 거기다가 모시 7월장毛詩七月章 한 편을 새겼으니 상당히 섬세하면서도 자획字劃이 매우 아담스럽고 해서 일견一見 명장의 수법임을 알 수 있었다. 나는 얼마나 그것이 사랑스럽든지 밤에 잘 때도 그것을 손에 들고 자기도 했고 그 뒤 어느 지방을 여행할 때도 꼭 그것만은 몸에 지니고 다녔다. 대개는 여행을 다니면 그때는 간 곳마다 말썽을 지기는 게 세관리稅官吏들인데 모든 서적과 하다못해 그림 엽서 한 장도 그냥 보지 않는 연석들이건만 이 나의 귀여운 인장만은 말썽을 부리지 않았다. 그랬기에 나는 내 고향이 그리울 때나 부모형제를 보고저울 때는 이 인장을 들고보고 칠월장을 한 번 외워도 보면 속이 시원하였다. 아마도 그 비취인장翡翠印章에는 내 향수와 혈맥이 통해 있으리라.

'봄비'라는 낱말로 보아, 이 글은 군사간부학교를 졸업한 1933년 봄의 난징 생활을 표현한 것으로 보인다. 난징성의 남문이자 정문인 중화먼中華門 바로 안쪽에 공자의 사당인 푸즈먀오가 있는데, 지금도 옛 명성을 그대로 이어오고 있다. 발 디디기 힘들 만큼 많은 관광객이 넘쳐나고, 유명한 차와 골동품 가게들이 즐비한 곳이 바로 여기다. 푸즈먀오 거리는 육사가 머물던 그 시절이나 지금이나 난징을 상징한다.

그때 난징 시내에는 김원봉 계열 청년만이 아니라, 한국 독립운동가와 청년들의 거점으로 변해가고 있었다. 김구는 윤봉길의거를 터트린 뒤 항저우와 자싱에서 피신하다가 1934년 무렵, 곧 육사가 국내로 몰래

푸즈먀오

푸즈먀오 거리

들어온 한 해 뒤에 난징성으로 들어와 바로 푸즈먀오 근처에 비밀 아지트를 만들고 청년들을 모아 군사훈련을 준비하였다. 김원봉이 군사간부학교를 통해 청년들을 군사간부로 양성하듯이 김구도 자신이 거느리는 청년들을 군사간부로 육성하기 위한 프로그램을 마련하게 된다. 게다가 대한민국 임시정부 요인들이 옮겨오고, 만주에서 활동하던 이청천이 김구 초청으로 옮겨와서 푸즈먀오 근처에 터를 잡게 된다.

상하이에서 루쉰을 만나다

육사는 1933년 5월 초·중순경에 난징을 떠나 상하이로 이동하였다. 기록에 따라 난징을 떠난 날짜가 5월 6일이라거나, 5월 15일, 혹은 25일로 나온다. 어느 경우든 졸업한 뒤 한 달 정도 난징에 머물다가 출발한 셈이다. 일행은 그를 비롯하여 호영胡瑛(문길환, 경남 동래)·이남해李南海(이무용, 경남 동래)·왕권王權(김영배, 경남 동래)·유호柳湖(신중배, 경남 거창)·이원李遠(평안도 또는 경상도) 등 6명이었다. 그런데 이들 가운데 육사와 이원이 오전에 출발하고 나머지 4명이 오후에 출발하였다고 전하는 기록도 있고, 이들이 대개 경상남도 동래 출신이 많다보니 동기생 김공신은 이 귀국팀을 가리켜 동래 출신들이라고 진술하기도 했다.

상하이에 도착한 육사는 이들 5명 일행과 더불어 의열단 간부인 한일래韓一來의 집으로 갔다가, 프랑스조계 진링여관金陵旅館에 머물렀다. 그런데 이들이 가진 자금이 모자라서 모두 귀국할 수는 없었다. 그래서 가진 돈 68원을 모아 이남해와 왕권 2명만 먼저 귀국시키고, 다시 이춘암을 통하여 김원봉에게 돈을 보내달라고 요청하였다. 이에 75원을 받아 2주일 뒤에 이원과 유호를 중국 배에 태워 귀국시켰다. 끝으로 육사에게서 송금을 요청받은 윤세주가 7월 14일 직접 상하이로 와서 80원을 주면서 육사에게 빠른 귀국을 권했다. 이에 육사는 15일 호영, 즉 문길환과 더불어 귀국길에 올랐다.

육사는 상하이에서 국내 잠입을 기다리면서 두 달이나 머물렀다. 그러는 사이에 예기치 않게 중국의 대문호 루쉰魯迅을 만나는 일이 생겼다.

상하이 루쉰 동상, 루쉰기념관

『조선일보』의 루쉰 추도문

육사가 쑨원의 비서 출신이자 중국사회과학원 부주석인 양싱포楊杏佛(본명 楊銓)의 장례식장인 만국빈의사萬國殯儀社를 방문했다가 우연히 루쉰을 만나 인사를 나눈 것이다.

양싱포는 과학자이자 둥난東南대학 교수로 진보적 지도자였는데 1933년 6월 18일 만 40세에 장제스의 비밀요원에게 암살을 당했다. 육사가 그 장례식장을 찾았다는 사실은 곧 그의 성향과 함께, 뒷날 장제스 정부를 비판하는 평론을 여러 편 발표하는 뿌리를 헤아려볼 수도 있다. 육사는 루쉰과 만난 일을 뒷날 무척 감격스럽게 표현하게 된다. 1936년 10월 19일 국내에서 루쉰의 사망 소식을 듣고서 그 달 23일부터 29일까지 『조선일보』에 「루쉰추도문魯迅追悼文」을 연재하였다. 시문학에 관심을 가지기 시작한 20대 후반의 청년이 중국의 대문호를 만나 느낀 감회가 여기에 고스란히 드러난다.

> 그리고 그 뒤 삼일이 지난 후 R씨와 내가 탄 자동차는 만국빈의사萬國殯儀社 아페 다엇다. 간단한 소향燒香의 예가 끗나고 도라설 때 젊은 두 여자의 수원隨員과 함께 드러오는 쑹칭링宋慶齡여사의 일행과 가티 연회색 두루막에 검은 '마괘아馬掛兒'를 입은 중년 늙은이 생화生花에 싸인 관을 붓들고 통곡을 하든 그를 나는 문득 루쉰인 것을 알엇스며 엽헤 섯든 R씨도 그가 루쉰이란 것을 말하고난 십 분쯤 뒤에 R씨는 나를 루쉰에게 소개하여 주엇다. 그때 루쉰은 R씨로부터 내가 조선 청년이란 것과 늘 한 번 대면의 기회를 가지려고 햇드란 말을 듣고 외국의 선배 압히며 처소가 처소인 만치 다만 근신謹愼과 공손할 뿐인 나의 손을 다시 한 번 잡아줄 때는 그는 매우 익숙

만국빈의관 자리의 현재 모습

하고 친절한 친구이엿다.

상하이에서 루쉰을 만나는 감격적인 장면으로 그가 얼마 동안 상하이에 머물렀다는 사실을 확인할 수 있다. 또 여기에 등장하는 R이란 인물의 직업이 편집원으로 나오는 것으로 보아, 상하이에서도 문학 출판을 담당하는 인물을 만났다는 사실도 알 수 있다.

참고로 육사가 방문했던 만국빈의사는 현재 징안취靜安區 자오저우

만국빈의관 옛날 지도

상하이 황푸탄 부두 자리

루膠州路 207호이다. 이곳에는 옛날 장례식장을 기억하는 노인들이 살고 있고, 그 자리에 의수와 의족을 비롯하여 장애인에게 필요한 의족과 의수 등 다양한 의료보조용구를 담당하는 상하이자즈창上海假肢廠이 들어서 있다.

여기에서 그의 귀국일자에 대해 엇갈리는 기록이 있어 한번 짚어본다. 그의 진술이나 경찰 기록은 그 시기를 7월 혹은 7월 15일로 잡고 있다. 이와 다르게 그가 1941년에 발표한 수필 「연인기戀印記」에서는 9월에 귀국한 것으로 회상하였다. 그는 9월 10일 상하이에서 국내 침투를 앞두고 '최후의 만찬'을 가졌다고 했다. 하지만 윤세주가 7월 14일 상하이에 도착하여 자금을 주면서 귀국을 종용했고, 이미 6명 가운데 4명이 귀국한 뒤인데다가 자신의 귀국 자금이 도착한 만큼 육사로서는 더 이상 귀국을 미룰 일은 아니었다. 그러므로 7월의 귀국이 확실한 셈이다. 특히 동기생 김공신도 그들 6명이 미리 상하이로 출발하였고, 7월에 귀국한 것으로 진술하였던 것을 보면, 육사의 귀국시기를 7월로 보는 것이 옳겠다.

육사는 동기생인 문길환과 함께 귀국길에 올랐다. 상하이에서 배를 타고 안동현을 거쳐, 신의주로 들어왔다. 문길환을 동래로 떠나보낸 그는 서울로 향했다. 서울에 도착하자마자 그는 난징을 출발하기 전에 의논하고 계획을 세워둔 그대로, 신문사 복직을 추진하면서 문필활동을 벌이기 시작했다.

서대문 감옥에 갇히다

육사는 서울 재동 82번지 친구 류태하柳泰夏 집에 2주일 머물렀다. 이어서 재동 85번지 문명희文明姬의 집에 세 들어 지내면서, 고향 안동을 다녀가고, 서울에서 간부학교 동기생 윤익균尹益均(호평胡平)을 만나기도 하였다. 1934년 2월에는 「1934년에 임하야 문단에 대한 희망」이란 글을 『형상』에 발표하여 자신의 위치를 드러냈다. 또 아우 원조의 장인 이관용李灌鎔의 힘을 얻어 신문사에 입사를 시도하였다. 그러다가 『조선일보』에 근무하던 이상호李相昊의 도움을 얻어 『조선일보』 대구지국 특파원으로 채용되었다. 그때가 귀국한 지 여덟 달이 지난 1934년 3월 20일이었다. 이제 그가 중국에서 군사간부로 성장한 결실을, 또 국내공작원으로서 부여받은 사명을 실천에 옮기는 첫 걸음이 시작된 것이다. 그런데 너무나 뜻밖에도 그는 대구로 출발하기 직전인 3월 22일 경찰에 붙잡히고 말았다.

육사가 붙잡힌 데에는 처남인 안병철의 자수가 결정적으로 작용한 것 같다. 왜냐하면 귀국한 1기생 가운데 가장 먼저 자수한 인물이 안병철이고, 그 뒤로 1기생들이 잇달아 붙잡혔기 때문이다. 안병철은 1933년 11월 15일 창춘長春의 신경헌병대新京憲兵隊에 자수하였고, 1기생들이 연이어 붙잡혔다. 이무용李懋庸·김영배金永培(1934. 1. 23), 문길환文吉煥(1. 29), 육사(3. 22), 윤익균尹益均(3. 29) 등이 그렇고, 뒤따라 2기생들도 줄줄이 붙잡혔다. 또 1934년 6월부터 10월 사이에 붙잡히거나 자수한 인물은 1기생 7명과 2기생 14명이었다. 그러므로 김원봉이 계획하던 국내 교두보 확보라는 계획에 커다란 차질이 생기게 되었다.

육사는 이 때문에 처가를 무척 원망했다고 전해진다. 처남이 투항하는 바람에 국내로 잠입했던 1·2기생들이 줄줄이 잡혀 들어갔으니, 당연한 일이었을 것이다. 그래서 그는 처가에 발걸음을 끊었을 뿐만 아니라, 아내와도 얼마동안 불편한 사이가 되었다고 전한다. 육사의 처가는 이 사건 이후 동네를 떠나 만주로 이사하였다. 뒷날 육사는 처남을 만나 뺨을 한 대 후려치고는 모든 것을 끝냈다는 이야기도 딸을 통해 전해지고 있다. 처남에게 영원히 등 돌리고 지낼 수는 없었을 것이다.

군사간부학교 1기생 출신으로서 육사가 꿈꾸던 국내투쟁은 일단 멈출 수밖에 없었다. 그렇다고 그가 민족문제에 대해 관심을 완전히 포기한 것은 아니었다. 일본이 만주와 중국으로 팽창해가는 1930년대 중후반, 자유롭지 못한 국내라는 한계 속에서도 다양한 활동을 펼쳤고,

1940년대로 가는 과정에서 남다른 면모를 보이기 때문이다.

경찰에 붙잡힌 뒤 작성된 신원카드에는 그의 검거사유가 단지 '고등관계高等關係 조회용照會用'이라 적혀 있다. 따라서 그가 군사간부학교 졸업 이후 아직 별다른 활동을 벌인 일이 없었다는 점을 확인할 수 있다. 그래서 석 달 가량 경찰의 취조를 받던 그는 6월 23일 기소유예로 결정되어 풀려났다. 보기에 따라서는 상당히 일찍 석방된 것이다. 군사간부학교 1기생으로 훈련받았을 뿐 아직 국내에서 어떤 활동이 없었고 또 뉘우치는 빛이 뚜렷하다는 것이 그를 풀어준 명분이었다.

경찰은 육사가 만주로 간 뒤로 그의 자취를 추적하면서도 전혀 찾지 못하고 있었다. 1934년 7월 20일자로 안동경찰서 도산陶山주재소에서 경성본청京城本廳으로 보고한 「이원록 소행조서」는 "1932년 4월에 다시 만주를 갔으나 그 뒤에 소재불명이어서 요주의 인물로 수배중에 있었음"이라고 기록하였던 것이다. 또 고향의 경찰은 육사의 사상으로 보아 뉘우친다는 것을 인정하기 어렵다고 판단하였다.

> 배일사상, 민족자결, 항상 조선의 독립을 몽상하고 암암리에 주의를 선전할 염려가 있었음. 또 그 무렵은 민족공산주의로 전환하고 있는 것으로 본인의 성질로 보아서 개전의 정을 인정하기 어려움.　－「이원록 소행조서」

여기에서 한 가지 눈여겨볼 대목은 경찰이 육사의 행적을 분석하면서 "민족공산주의로 전환하고 있는 것"으로 파악한 점이다. 그의 사상적 변화가 경찰의 눈에 드러났다는 말이다. 그렇지만 이런 보고서가 경성

서대문형무소 사진

본청에 보고되기 한 달 전에 "개전의 정이 있다"는 명분으로 육사는 풀려났고, 8월 31일에 기소유예 처분을 받고 사건이 완전히 끝났다.

그때 육사가 체포된 곳은 서울에 있던 경기도 경성본청경찰서였다. 이때 작성된 신원카드에 이름은 이활李活, 이명異名은 이원삼李源三, 신분은 상민常民으로 적혀 있다. 그런데 직업이 삼차년월일부공방장參次年月日附工房長으로 적혀 있는데, 이것은 서대문형무소에서 특정한 시기에 그에게 주어졌던 감옥 안의 직무였다. 그의 키는 5척 4촌 5분인데, 1척을 30.3cm로 계산하면 165cm이므로 당시의 보통 키에 해당한다고 생각된다.

그가 검거된 이유는 "고등관계高等關係 조회용照會用"이라 적혀 있다. 이로 보아 그의 검거는 정치·사상범의 혐의가 있는 인물로 분류되어 붙잡혔고, 군사간부학교를 졸업한 뒤 특별한 활동이 없어 아직 죄를 묻지 않는 처지였음을 알 수 있다. 더구나 '기타 전과'란에 '활活'이라는 글자

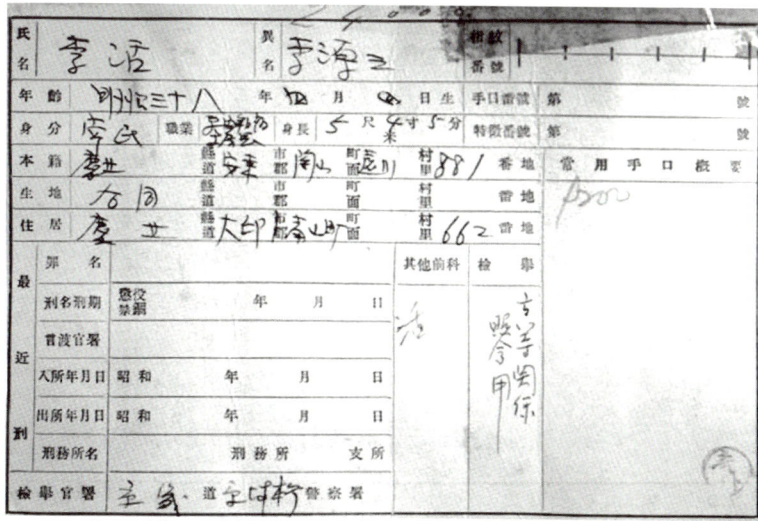

신원카드 앞면과 뒷면

가 적혀 있는데, 이것은 그의 전과 사실이 아직 말소되지 않고 당시까지 남아 있다는 말이다. 그러니 그가 감시 대상 인물이었음은 더 말할 나위가 없다.

1934년 6월 20일, 그가 석방되기 이틀 전에 서대문형무소에서 찍힌 사진이 남아 있다. 이는 정면과 옆면 사진이 각각 한 장씩인데, 아직 미결수여서 머리카락을 자르지 않은 단정한 모습이다. 6월 중순이 지난 때지만 좀 두꺼운 옷을 입었고, 안경을 벗은 얼굴은 좀 초췌한 느낌을 준다. 평소에 그가 안경을 쓴 이유는 시력이 나빠서가 아니라 멋과 진보적인 성향 때문이었다. 그러니 안경을 벗고 있었다고 해서 불편함은 없었을 것이다.

글 쓰면서 펼친
사회활동

본격적인 글쓰기와 사회활동

국내로 들어온 뒤, 육사는 잡지에 시사평론을 발표하기 시작했다. 육사가 쓴 글이 대부분 시에 집중되었을 것으로 생각하기 쉽다. 하지만 사실은 그렇지 않다. 물론 그의 작품 가운데 시가 가장 매력적이고 뛰어나서 그렇게 느껴지지만, 군사간부학교에 입학하던 무렵부터 시작하여 그가 힘써 쓴 글로는 시사평론이 많았다.

1933년 4월, 그가 난징에서 군사간부학교를 다니던 때에 서울에서 평론문이 발표된 일이 있었다. 「자연과학과 유물변증법」이란 글이 『대중大衆』 창간임시호에 게재된 것이다. 난징에서 글을 써서 보낼 틈도 없었을 것이고, 더구나 게재되지는 않았지만 목록에 한 편 더 있었던 것으로 보아, 그가 난징으로 가기 전에 미리 투고했던 것으로 짐작된다.

이 무렵 일제 경찰이 그가 민족공산주의로 변화해가고 있다고 판단했듯이, 육사는 사회주의 대중화에 목표를 두었다고 판단된다. 군사간부학교를 마치면서 그가 한 다짐은 도시노동자층에 공산주의 혁명의식을 고취하는 것이었다. 귀국한 뒤 본격적으로 작업을 벌이기 앞서 경찰에 붙잡히는 바람에 그 목적을 달성하지는 못했지만, 일단 그가 사상적인 변화를 보였다는 점만은 확인할 수 있는 셈이다.

육사는 풀려나자마자 시사평론 쓰기를 이어갔다. 기소유예로 최종 결정이 난 다음 달, 곧 9월 『신조선新朝鮮』에 중국의 정세를 분석하면서 장제스를 비판한 「5중전회五中全會를 압두고 외분내열의 중국정정政情」을 발표했다. 이어서 그는 수필·시 등을 발표하기도 했지만, 1934년부터 1936년까지 2년 동안 시사평론 8편을 발표하였다. 같은 시기의 시 4편과 수필 1편이 발표된 것과 견주어보면 시사평론의 비중을 알 수 있다. 그 내용도 5편이 중국의 정치 동향이나 국민운동 및 농촌문제였고, 「루쉰추도문」까지 합하면 6편이 중국과 관련된 글이었다. 이들은 그의 중국 유학과 군사간부학교를 통한 정치인식을 보여준다. 다만 바로 이 무렵이던 1933년 9월, '이활'이란 이름이 『조선일보』 장편소설 현상공모 예선당선자로 등장했지만, 이는 황해도 개성 출신으로 육사와는 관련이 없다.

육사가 발표한 글을 정리하면 다음과 같다.

시기·장르별 육사 작품의 동향

	시	수필	평문	소설	서평	방문기	서간	앙케이트
1930	1		1					
1931								
1932			2(신문기사6회)			1		
1933			2				1(엽서)	
1934		1	2					
1935	2		3					
1936	3(시조1)		3(신문연재5회)	1(번역)				
1937	2	2	1	1		1		
1938	4	3	2		1			
1939	4	1	2					
1940	7	3			1		1	
1941	5	3	2	1(번역)				1
1942		2					1	
1943	4							
유작	12(한시3)							
합계	44	15	20	3	2	2	3	1

* 통계치는 박현수, 『원전주해 이육사 시전집』, 예옥, 2008, 284~287쪽 「작품연보」를 참조하여 작성함

　육사의 글쓰기와 발표는 1934년에 들면서 본격화되었다. 물론 이전에도 글을 발표한 일이 있었다. 장진홍의거로 붙들렸다가 풀려난 뒤 1930년에 시 1편과 평문 1편을 발표한 일이 있고, 또 1931년 8월 『조선일보』 대구지국 기자가 되어 이듬해 1월 14일부터 26일까지 대구의 한 약상이 밀집한 약령시를 특집으로 다루어 약령시의 유래·경기·현재·장래 등을 주제로 네 차례 연재하거나, 3월 6일과 9일에 「대구장 연구회 창립을 보고서」를 쓰기도 했다. 그런데 앞서의 글과 다르게 뚜렷한 사회 인식을 가지기 시작한 글이 군사간부학교를 들어가던 무렵에 나타났다.

또 그가 난징으로 가기 전에 써둔 「자연과학과 유물변증법」이 1933년 4월 발간된 『대중』 창간임시호에 게재되었고, 그가 귀국한 뒤 1934년부터 1936년까지 집중적으로 중국의 정치지형을 분석하는 글을 중심으로 시사평론을 발표하였다. 그러다가 1938년부터 1941년 사이에 발표된 6편은 조선여성문제·동서문화비교·영화·시나리오문학·중국문학사·중국현대시 등이었으니 대개 문학평론임을 알 수 있다.

육사가 발표한 시詩는 평문보다 한 해 뒤인 1935년부터 본격적으로 나왔고, 1938년에 가서 그 수가 크게 증가했다. 그리고 1937년부터 수필을 꾸준히 발표한 것을 알 수 있다. 따라서 작품의 주류는 시·수필·평문 등 세 가지였다.

그런데 한 가지 눈에 띄는 대목은 1943년에 한시漢詩 발표다. 다른 시가 있는 게 아니라 오직 한시만이 발표된 것인데, 이것은 일제가 한글을 사용하지 못하게 하는 데 대한 반작용이었다고 그와 가까이 지냈던 신석초申石艸가 전하고 있다.

육사가 신석초를 처음 만난 것은 1935년 봄 위당爲堂 정인보鄭寅普의 집에서였다. 그 무렵 정인보는 정약용이 세상을 떠난 지 100주년이 되는 1936년에 『다산문집茶山文集』을 간행하려고 준비하고 있었다. 육사는 여기에 참가하면서 신조선사新朝鮮社와 인연을 맺었고, 신석초와 함께 편집에 참여하였다. 다시 그는 『신조선新朝鮮』 잡지의 편집 일에 손을 대기도 했고, 때문에 1934~1936년 사이에 발표된 14편의 글 가운데 7편을 『신조선』에 게재하는 계기를 만들었다. 이런 가운데 신석초와의 우정이 대단히 깊어갔고, 그래서 1943년 신정에 둘이서 눈을 밟으러 청량리에서 홍릉으로 나갔다가 "가까운 날에 난 북경엘 가려네"라는 다짐을 남 몰래 털어놓게 되는 것이다.

이 과정에서 그는 「춘수삼제春愁三題」를 『신조선』 1935년 6월호에 발표하면서 시작詩作 활동을 다시 시작하였다. 「말」이라는 작품을 4년 전 1930년 1월 3일자 『조선일보』에 발표한 뒤로 쓰지 않았던 시를 다시 쓰게 된 것이다. 주로 평문評文을 쓰던 그가 1935년에 들면서 평문이나 수필 등과 함께 다시 시를 본격적으로 발표하기 시작한 것이다.

1935년 5월 15일 그는 다시 한 번 그 지긋지긋한 경찰의 취조를 받아야만 했다. 군사간부학교 동기생 김공신金公信(왕득해王得海)이 붙잡히는 바람에 증인으로 조사를 받은 것이다. 경기도경찰부에 가서 다시 군사간부학교 시절을 되뇌어보는 기회를 가졌다. 그 5월에 몸이 아파 병원에 입원하였고, 병상에서 쓴 시 「황혼黃昏」이 1935년 12월 『신조선』에 발표되었다.

황혼黃昏

내 골ㅅ방의 커-텐을 것고
정성된 맘으로 황혼을 마저드리노니
바다의 힌갈메기들 갓치도
인간은 얼마나 외로운것이냐
황혼아 네 부드러운 손을 힘끗내미라
내 뜨거운 입술을 맘대로 맛추어보련다

그리고 네 품 안에 안긴 모-든 것에
나의 입술을 보내게 해다오

저-십이성좌十二星座의 반ㅅ작이는 별들에게도
종鍾소리 저문 삼림 속 그윽한 수녀修女들에게도
쎄멘트 장판우 그만흔 수인囚ㅅ들에게도
의지할 가지업는 그들의 심장心臟이 얼마나 떨고 잇슬가

『고비』사막을 끈어가는 낙타탄 행상대行商隊에게나
『아푸리카』 녹음 속 활쏘는 『인데안』에게라도
황혼아 네 부드러운 품안에 안기는 동안이라도
지구의 반쪽만을 나의 타는 입술에 맛겨다오

내 오월의 골방이아늑도 하오니
황혼아 내일도 또 저-푸른 커-텐을 것게 하겠지
정정情情이 살어지긴 시내를 소리갓해서
한번 식어지면 다시는 도라올줄 모르나부다

— 오월五月의 병상病床에서

1936년에 또다시 1주일 동안 서대문형무소에 묶이는 일이 생겼다. 그가 잠시 만주에 가서 『조선일보』 대구지국 동료기자이던 이선장李善長을 몽양夢陽 여운형呂運亨과 일헌一軒 허규許珪에게 소개하고 돌아왔는데,

유일하게 육사의 사인과 낙관이 찍힌
『예지와 인생』 표지

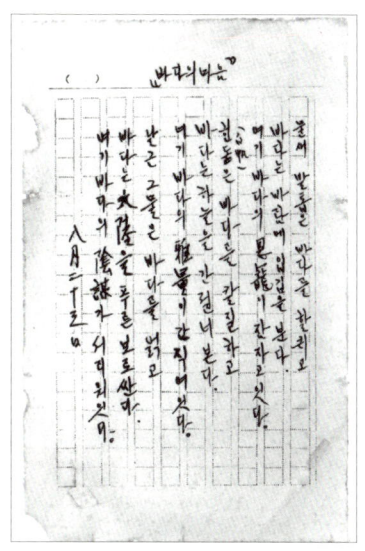

육사 친필 「바다의 마음」

해방 직후 육사 이름으로 출간된 시집(1946)

수봉정

이것이 빌미가 되었던 모양이다. 이선장은 가슴에 쌓인 이야기를 모두 털어놓을 동지요, 동료였고, 허규는 외숙이었다. 그가 한번 움직였다고 하면, 반드시 경찰에 끌려가 취조받는 고통으로 이어졌다.

1936년 7월, 그는 몸이 쇠약해져 동해송도원東海松濤園으로 가서 요양하였다고 수필「질투嫉妬의 반군성叛軍城」에 썼다. 그가 이 글에서 "나의 시골에서 그다지 멀지안은 동해송도원으로 요양療養의 길을 떠났읍니다"라고 쓰는 바람에 안동에서 가까운 '동해송도원'의 위치를 둘러싸고 논란이 많았다. 육사가 요양차 들른 곳이 어느 해수욕장이나 바닷가인지 의문을 품은 지방의 문인들이 서로 자기 동네임을 주장해왔다. 그런데 이 글을 자세히 뜯어보면, 이런 구절이 있다.

어느 책사冊肆(서점 – 필자 주)에 들였다가 때마츰『조선문인서간집朝鮮文人

書簡集』이란 신간서新刊書가 놓였기에 그 내용을 펼쳐 보았더니 그 속에는 내가 여름 동안 해수욕장에서 받은 편지 중에 가장 주의했든 편지 한 장이 전문 그대로 발표되어 있었읍니다. 그런데 그 편지의 주인공은 내가 해변으로 가기 전 꼭 나와는 일거일동을 같이한 「룬펜」(이것은 시인의 명예를 손상치 않습니다) 이든 나의 친애하는 이병각李秉珏 군君이었읍니다.

그렇다면 이병각이 쓴 편지를 살피면 동해송도원의 위치를 알 수 있게 된다. 『조선문인서간집』은 1936년 11월에 초판이 발간되었는데, 이병각이 육사에게 보낸 편지가 전문 그대로 고스란히 실려 있다. 이병각은 영양군 석보면 출신으로 그와 가깝게 지내던 시인인데, 「육사형陸史兄님」이라는 제목으로 편지를 보낸 것이다. 그 일부를 보면 이렇다.

포항 갓다는 것은 내가 상경하야서 아럿습니다. 제가 싀골 갓슬 적에 알앗든들 멀지 안케 형兄이 왔다면 불이야 불이야 가서 맞나 놀앗슬 것이나. …… 요전에 온 편지에는 약을 다 먹고 9월초에나 상경하시켓다니 용무는 중대한 용무임에 틀님없읍니다. 해수욕장에서 보약을 먹고.

첫머리에 육사가 가 있는 해수욕장 위치를 '포항'이라고 못 박고 있다. 이병각으로서는 고향 영양군 석보면 원리 원두들마을에서 산맥을 넘으면 영덕이니 육사에게 야속한 마음도 들었을 것이다. 하여튼 일단 육사가 요양하러 가 있던 동해송도원이 포항의 바닷가라는 사실을 알 수 있다. 그리고 8월에는 그가 경주 옥룡암에 머무른 자취가 남아 있다.

어머니 회갑연 기념 병풍

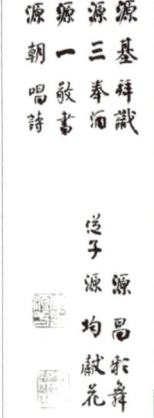

신석초에게 보낸 엽서가 그를 말해준다. 옥룡암은 경주 배반동 남산 탑곡, 경주박물관 바로 남쪽, 남산 어귀 탑곡 골짜기에 있다. 그곳에는 네 방향으로 불상과 보살상 11구, 그리고 7층탑과 9층탑이 새겨져 있는 네모난 큰 바위가 있다. 탑곡이라는 이름이 바위에 새겨진 큰 탑 그림에서 나온 것 같다.

그해 11월 18일에 어머니의 회갑연을 대구에서 보낸 그는 1937년에 어머니, 동생 원일과 함께 서울 명륜동(명륜정明倫町 3정목 57의 3호)으로 옮겨 생활했다. 다시 그해 가을에 일본으로 가서, 도쿄시 세타가야구世田谷區 쿄도마치經堂町에 있던 친구집에 머물렀다고 전한다. 무슨 일로 일본을 방문하였는지에 대해서는 알려지지 않는다.

1938년에는 신석초·최용崔鎔·이명룡李明龍과 함께 경주로 여행한 그

1938년 불국사 여행

글 쓰면서 펼친 사회활동 | 147

는 가을에 서천舒川 출신인 신석초와 부여를 관람했다. 그리고 1939년 1월(음력 1938. 11)에는 아버지의 회갑연을 열었다. 그해에 종암동 62번지로 이사한 그는 8월 『문장文章』지에 대표작 가운데 하나인 「청포도靑葡萄」를 발표했다.

청포도靑葡萄

내 고장 칠월은
청포도가 익어가는 시절

이 마을 전설이 주저리 주저리 열리고
먼데 하늘이 꿈꾸려 알알이 들어와 박혀

하늘 밑 푸른 바다가 가슴을 열고
흰 돛단 배가 곱게 밀려서 오면

내가 바라는 손님은 고달픈 몸으로
청포靑袍를 입고 찾아 온다고 했으니

내 그를 맞아 이 포도를 따 먹으면
두 손은 함뿍 적셔도 좋으련
아이야 우리 식탁엔 은 쟁반에

하이얀 모시 수건을 마련해 두렴

육사는 이 「청포도」를 가장 아끼는 작품이라고 말했다 한다. 1943년 7월 몸을 추스르려고 경주 남산의 옥룡암에 들렀을 때, 먼저 와서 요양하고 있던 이식우李植雨에게 털어놓은 말이다. 육사는 스스로 "어떻게 내가 이런 시를 쓸 수 있었을까?" 하면서, "'내 고장'은 '조선'이고, '청포도'는 우리 민족인데, 청포도가 익어가는 것처럼 우리 민족이 익어간다. 그리고 곧 일본도 끝장난다"고 이식우에게 말했다고 한다. 이 말이 사실에 가깝다고 생각된다. 그가 일본의 패망과 조선의 독립을 확신하고 있었다는 말인데, 1940년대 그의 행로가 바로 이러한 신념과 확신에서 우러나온 것임을 알 수 있다.

「청포도」를 발표하던 그 무렵, 그는 술을 엄청나게 많이 마셔 '말술'을 마시는 호주가로 소문나 있었다. 물론 당시 그 시절이 육사를 비롯한 대부분의 문인들로 하여금 술을 마시게 만들었지만, 가까이 지낸 신석초는 그를 가리켜 '대주호大酒豪'라고 표현할 정도였다.

그 무렵 동대문 안에는 우리의 단골 술집인 찹쌀 막걸리 집이 있었다. 하얀 밥알이 동동 뜨는 막걸리다. 이것을 우리는 「동동動動」이라 불렀었다. 물론 고려가사 「동동」에서 나온 이름이다.
어느 날 꼭두새벽에 그곳에서 해장을 하게 되었는데(아마도 어느 요정에서 밤을 새고 나온 때이리라), 그는 곱빼기로 연거푸 아홉 사발을 마시고도 끄떡하지 않는 것을 보고 나는 새삼 놀라지 않을 수 없었다. 그는 이렇듯 주

여러 시인들과 함께한 사진 오른쪽에서 두 번째가 육사, 첫 번째가 노천명이라 전해진다.

량이 컸다. 그러나 취하지 않는 주호였다. 밤이 새도록 마셔도 싫어하지 않았지만 떠들지도 않았다. 만취하면 조용히 잠자는 것이 고작이다.

– 신석초, 「이육사의 인물」

이런 대주호이면서도 육사는 작품 속에 술을 들여놓지 않았다. 대주호였던 중국의 이백李白은 작품마다 술을 등장시켰지만 그는 그렇지 않았다고 신석초가 말했다. 또 신석초는 육사가 시를 쓰면서도 항상 간직하고 있는 한마디가 있었다고 전한다. 논어 팔일편八佾篇에 나오는 "낙이불음樂而不淫 애이불상哀而不傷", 즉 "즐거워도 음란하지 않고, 슬퍼도 마음을 상하지 않는다"는 구절이 그것이다. 이 한 마디는 육사가 작품 속에서나 술 마시는 가운데에서도 일관되게 철저한 절제를 보였고, 독립운동 과정에서도 변함없이 작용했음을 말해준다.

그는 경주나 포항에 들렀다가 상경하는 길에 더러 처가에 들렀다. 백학학원 동기생들이 남아 있던 영천에 들러 어린 학생들에게 돌아다니는 개를 가리키며 "저 개처럼 사는 것이 가장 편한 일이다. 그렇지만 그렇게 살아야 할까?"라면서, 인간답게 살아가는 길을 말해주었다는 이야기가 당시 그에게 배웠던 노인들의 입을 통해 전해져왔다.

1940년에서 이듬해 사이에 가장 많은 작품들이 쏟아져 나왔다. 1940년에는 시 7편, 수필 3편이고, 다음 해에는 시 5편, 수필 3편, 평문 2편에다가 번역소설 1편을 각각 발표하였다. 1939년에 대표작이 「청포도」였다면, 1940년에 들어서자마자 1월에 『문장』지에 「절정絶頂」을 발표하여 서정적인 「청포도」와는 전혀 다른, 이지적이고도 강렬한 의지를 드러냈다. 서릿발 같은 칼날의 맨 꼭대기, "한 발 재겨 디딜 곳조차 없는" 그 고통 속에서도 결코 무릎 꿇지 않는 지조를 강렬하게 표현했다.

이 무렵에 와서 육사와 아내 사이가 모처럼 좋아진 것 같다. 처음부터 썩 내킨 결혼도 아니었다고 한다. 신문화를 꿈꾸던 그에게 전통적인 색깔의 아내에 대해 크게 흥미를 가지지 못한 것 같다. 게다가 처남의 자수 사건 이후, 그는 처가를 부정하고 아내에게조차 거리를 둘 정도였다. 그러던 육사가 몇 년 흐른 뒤에 첫딸 경영을 낳은 때가 1939년 무렵이었다. 하지만 이 딸을 일찍 잃고, 1941년 2월 30일(양력 3. 27)에 둘째 딸 옥비沃非를 얻었다. 간디와 같은 딸이 되기를 바란다면서 육사가 직접 지은 이름이고, 또 이듬해 12월에 그가 출생사실을 신고하였다. 그러나 육사는 그해 4월에 폐질환으로 성모병원에 입원하였는데, 같은 해에 부친상을 당하는 아픔을 겪기도 했다.

육사가 요양하던 옥룡암 큰 바위에 탑과 불상이 가득 새겨진 곳으로 유명한 신인사(神印寺)가 있던 곳으로, 경주국립박물관에서 가까운 남산 자락의 탑곡에 있다.

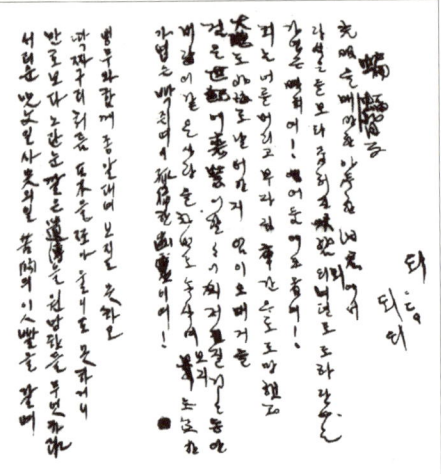

편복(육사 친필 원고)

1942년 2월에 성모병원을 퇴원하고, 동생 원조와 친했던 이민수李民樹 등과 교분을 가지면서, 시회詩會를 열었다. 그 결실의 일부가 세 편의 한시로 전해지고 있다. 이때부터 포항시 기계면 현내리의 집안 아저씨인 이영우李英雨 집과 경주 남산의 옥룡암에서 요양하며 지냈다. 7월 10일자로 육사가 신석초에게 보낸 편지에 옥룡암에 대해 "석초형, 내가 지금 있는 곳은 경주읍에서 불국사佛國寺로 가는 도중의 십리허十里許에 있는 옛날 신라가 번성할 때 신인사神印寺의 고지古址에 있는 조그마한 암자庵子이다"라고 썼다.

같은 무렵인 6월 12일(음력 4. 29) 모친이, 7월에 형 원기가 세상을 떠났다. 요양하던 그가 잇달아 상을 치르면서 건강이 더욱 악화된 것이라 짐작된다. 어머니는 정신적인 지주처럼 강인했고, 형은 육사를 비롯한 동생들의 옥바라지에 매달렸던 사람이었다. 1년 앞서 부친을 잃은 형편에 다시 어머니와 형이 세상을 떠났으므로, 육사가 요양한다는 것은 고사하고라도, 몸을 제대로 추슬러낼 수가 없었을 것 같다. 여름을 지나면서 그는 서울 수유리 이태성李泰成 집에서 지냈다.

육사는 1930년대 중반 이후 1940년까지 과연 문단생활만 했을까? 결코 그렇지 않았다. 만약 그가 문단생활만 지속했다면 그를 높이 평가하지도 않았을 것이고, 또한 일본 경찰에 그렇게 자주 잡혀가는 몸이 되지도 않았을 것이다. 이 시기 그의 활동 가운데 언론단체 참여 외에도 청년운동에 참가한 것이 눈에 띈다.

그는 대구청년동맹의 활동에 관계한 것 같다. 그가 대구청년동맹의 재조직을 위해 노력을 기울였다고 한다. 동료 기자였던 이선장의 증언에 의하면, 해산 상태에 놓여 있던 대구청년동맹을 육사와 이선장 및 남만희南萬熙 등이 힘을 합쳐 재조직하였다고 한다. 그때 그가 중심이 된 대구청년동맹 조직을 일제 경찰이 소위 '대구공청'이라고 하여 총검거했다고 한다.

육사는 1930년대 중후반에 문단만이 아니라 언론단체에도 참가하였다. 1933년 무렵 대구지역 기자들이 친목과 협조, 권익옹호를 내걸고 만든 칠조회七鳥會에도 발을 디뎠다. 이 단체는 송기찬宋箕贊(『동아일보』)·이선장(『조선일보』)·이능식李能植(『대구일보』) 등이 나서고 일곱 명으로 발족된 조직이었다. 한응렬韓應烈(『남선경제신문』)·윤병은尹炳殷(안문관門과 경북慶北)·이춘득李春得(『매일신보』)·석보石輔(『조선민보』) 등이 출발 당시 구성원이었다. 얼마 뒤에 육사는 『조선일보』 소속으로서 김윤곤金潤坤(『중앙일보』)·손기채孫基彩(『경북공론』)·이동우李東雨(『조선일보』)·이상조李相祚(『조선민보』) 등과 함께 가입하였고, 오재동吳在東(『조선일보』)도 추가로 들어갔다.

시사평론에 보이는 육사의 시대인식

항일투쟁사 전체를 보면 그 중간 마디가 되는 1919년 3·1운동에서 앞뒤가 선명하게 나뉜다. 바로 3·1운동 때 러시아혁명의 영향이 국내로 들어오기 시작하여 민족해방·민족독립을 향한 이념으로 자리 잡았기 때문이다. 파리강화회의에 자유주의·인도주의·만국공법이란 꿈같은 낱말을 내세우면서 독립을 요구했지만 전혀 먹혀들지 않았다. 더구나 강화회의가 전승국 중심으로 재편되는 결과를 가져오자, 식민지에서 벗어나려면 새로운 투쟁 방법과 이념이 필요해졌다. 일본제국주의를 독점자본세력으로, 반대로 식민지 한국을 무산자계급으로 인식하고, 계급해방투쟁으로 일제를 타도하여 한국의 민족해방을 이루겠다는 주장이 터져 나왔다. 3·1운동 무렵에 민족문제를 무겁게 생각하던 10대 후반에서 20대가 된 청년들은 대다수 사회주의를 받아들였다. 육사가 1904년 태어났으니 10대 중반에 3·1운동을 보았고, 20대 나이가 되던 1920년대 중후반에는 점차 사회주의를 받아들였다. 그래서 1932년 만 28세로 군사간부학교에 들어가던 무렵부터 사회주의 성향의 평론을 발표하고, 그 뒤로 그러한 경향을 담은 글을 쏟아냈다.

육사는 1930년대에 산문으로는 서평書評 두 편을 제외하고 모두 19편의 평문評文을 썼다. 처음에는 문학평론이 아닌 시사평론만 발표하였는데, 그것이 모두 12편이나 되었다. 그 가운데서도 군사간부학교 입교 이전에 쓴 1편과 재학 시절 2편을 제외하면 나머지 9편은 졸업 이후 국내로 들어온 뒤에 발표한 것이다. 이 가운데 군사간부학교 재학 시기에 발표된 것은 입교 이전에 미리 보내온 것으로 짐작된다. 특히 군사간부학교 졸업 이후 2년 동안에는 주로 평문을 발표했다. 1936년까지 발표된 평문은 모두 문학평론이 아닌 시사평론이었다. 한 가지 재미있는 사실은 「루쉰추도문魯迅追悼文」을 제외한 나머지 9편의 시사평론은 대부분 '이활'이라는 이름을 썼다는 사실이다.

난징으로 떠나기 전에 평론 3편을 썼다. 첫 번째 작품이 '이활·대구264'라는 이름으로 「대구사회단체개관」를 발표한 것이라고 이미 앞에서 밝혔다. 이 글은 대구청년동맹·대구소년동맹·신간회 대구지회·근우회 대구지회·경북형평사대구지사·경북청년동맹 등 대구의 사회운동단체들의 동향과 현상을 정리한 것으로, 감정 이입을 절제하면서도 왕성한 활동을 주문하고 나섰다.

군사간부학교로로 가기 전에 써두고 간 두 편은 그가 군사간부학교에서 훈련을 받는 동안 간행되면서 알려졌다. 그 가운데 「자연과학과 유물변증법」만 원문이 게재되고, 「레닌주의철학의 임무」는 수록되지 못한 목록에만 들어 있다. 왜 뒤의 글이 게재되지 못하고 제목만 실렸는지 알 길이 없다. 이것이 담긴 『대중』 창간임시호는 김약수가 창간사를 썼고, 이갑기가 「'대중'의 계급적 의의」를 쓰면서 발간에 앞장섰다. 이갑기는 1931년 1월 육사와 함께 대구경찰서에 '레닌 탄생일 기념 격문사건'이라는 이름으로 붙잡혀 함께 고생한 동지였다.

육사는 레닌을 높게 평가하였다. 그는 레닌의 이론을 기본으로 삼고, 자연영역의 것을 무비판적으로 사회영역에 이입할 수는 없다고 전제하면서, 자연과학적 유물론을 사적 유물론으로 확대시키는 일이야말로 인류의 해방전쟁에 있어 최고의 무기라고 말했다. 또 육사는 레닌이 자연과학의 철학적 근거를 변증법으로 파악하고, 마르크스와 엥겔스의 변증법을 더욱 구체적으로 발전시켰다고 평가하였다.

이처럼 육사가 레닌을 높이 평가하는 글을 써내고 군사간부학교로 들어갔다. 이 사실은 그가 군사간부학교에 들어갈 무렵 레닌의 논리에 마음을 두고 있었음을 말해준다. 따라서 육사는 난징에서 김원봉이 항일투쟁방법과 이론을 말할 때 마음속으로 자신의 신념과 견주면서 들었던 것이다.

육사가 발표한 시사평론

필명	제목	수록지	발표 시기
이활 · 대구이육사	「대구사회단체개관」	별건곤	1930. 10
육사생	「대구의 자랑 약령시(유래·경기·현재·장래)」	조선일보	1932. 1. 14~26(4회)
이활	「대구(大邱) 장 연구회 창립을 보고서」	조선일보	1932. 3. 6~9(2회)
이활	「자연과학과 유물변증법」	대중	1933. 4
이육사	「레닌주의철학의 임무」	대중	1933. 4(미수록)
이활	「오중전회(五中全會)를 압두고 외분내열의 중국정정」	신조선	1934. 9
이활	「국제무역주의의 동향」	신조선	1934. 10
이활	「1935년과 노불(露佛)관계전망」	신조선	1935. 1
이활	「위기에 임한 중국정국의 전망」	개벽	1935. 1
이활	「공인 "깽그"단 중국청방비사소고」	개벽	1935. 3
	「중국의 신국민운동 검토」	비판	1936. 4
이활	「중국농촌의 현상」	신동아	1936. 8
이육사	「루쉰추도문」	조선일보	1936. 10. 23~29(5회)

*이 표는 박현수, 『원전주해 이육사 시전집』, 271~287쪽의 생애와 작품연보를 근거로 작성함. 서평과 문화평론은 제외함.

    1933년 4월 그가 군사간부학교를 졸업하던 때, 앞의 글이 서울에서 간행되었다. 1933년 7월 국내로 잠입하여 활동하다가, 1934년 3월 경성경찰부에 붙잡혀 서대문형무소에 갇혔고, 8월말에 기소유예 처분이 확정될 때까지 글을 발표하지 않았다. 그가 다시 시사평론 쓰기에 몰입한 때는 바로 그 뒤의 일이었다.

    1934년 8월 군사간부학교 졸업에 관련된 사실이 기소유예로 마무리되자, 그는 다시 시사평론 쓰기에 나섰다. 『신조선新朝鮮』에 본격적으로 글을 발표하면서, 중국에 관한 문제를 집중적으로 다루었다. 중국국민당 노선에 대해 부정적인 시각이 주류를 이루었다. 그는 장제스를 독재자로 규정하고 그 독재성이 더욱 강화되어갈 것이라 추정하였다. 그러면서 그 앞길에 많은 장애가 나타나고 있고, 또 농민들이 경제투쟁에서 정치투쟁으로 전환해 가고 있다고 진단하였다.

먼저 중국 정세와 관련된 글부터 살펴보자. 「5중전회五中全會를 압두고 외분내열外分內裂의 중국정정中國政情」이란 글은 중국국민당 제5차 전국대표대회 예비회의인 루산회의廬山會議가 열린다는 소식을 듣고 중국 정국을 분석한 것이다. 그의 논지는 장제스의 정책을 예리하게 비판하고 그를 반민중적인 독재자로 규정한 것인데, 그 주장을 요약하면 다음과 같다.

첫째, 이 회의가 표면으로는 북중국의 현안문제 해결과 만주사변 이후 대일본 문제 및 제5차 전국대표대회 대책 마련이지만, 실제로는 서남파에 대한 회유책, 변경지역문제, 장시성과 푸젠성의 홍군문제 등이라고 분석하였다.

둘째, 대일 외교방침의 주요 부분이 북중국에 관련된 것이지만, 문제가 해결된다 하더라도 서양열강들의 대립만 첨예하게 된다.

셋째, 중국경제부흥을 위해 중국건설은공사中國建設銀公司가 설립되고 있는데, 여기에 일본의 협조가 필요하지만 일본이 반대하고 있고, 또 일본이 지원한다고 하더라도 반대세력이 있어 분쟁이 그칠 수 없을 것이다.

넷째, 천지탕陳濟棠과 후한민胡漢民으로 대표되는 서남세력이 루산회의에 참가하지 않고 장제스의 독재를 견제할 것이다.

다섯째, 장제스와 왕자오밍汪兆銘(행정원장)의 친일외교를 민중들이 달

장제스

가혹하지 않고, 장왕蔣汪합작 이후 외교문제가 제대로 해결된 것이 없다. 끝으로 푸젠성의 공산군을 장제스가 참혹하게 공격하고 있는데, 그 무기와 장비가 만리장성의 대일본 전선에 비해 월등하다.

이와 비슷한 주제로 「위기에 임한 중국정국의 전망」이란 글이 있다. 육사는 중국국민당의 문제가 동북과 소비에트 두 가지라고 정리하고, 장제스가 국난을 이용하여 중앙정부를 독재조직으로 바꾸고 당내 독점을 이루었다고 밝혔다. 당내의 여러 조직 가운데 CC단이 가장 강하고 이를 뒷받침하는 것이 란이서藍衣社인데, 이것은 장제스의 사병집단이며 삼민주의를 종지宗旨로 삼는다고 썼다. 따라서 장제스의 힘은 사병집단을 바탕으로 당권을 쥐고, 또 다시 이를 기초로 삼아 정국을 한 손에 틀어쥔 독재권력을 형성했다고 육사는 분석하였다. 또 24지방행정장관 가운데 21명이 군인이고 반半식민지 중국의 파시스트 통치 형태를 보이고 있으며, 장제스 반대세력들도 끝내 여기에 지배될 것이라고 그는 내다보았다.

「공인 "깽그"단 중국청방비사소고」는 상하이의 깽조직인 '청방'을 소개하면서 장제스 정부의 부도덕성을 폭로한 글이다. 상하이 깽단의 대표 두웨성杜月笙·황진룽黃金榮·장쑤린張肅林 등이 상하이 프랑스조계의 실질적인 지배자인데, 1928년까지 유망 집단이다가 장제스 정부가 이끄는 해방군이 상하이에 도착한 뒤 두 세력이 결탁하여 상하이 남녀 6,000명을 희생시키고 노동자를 압박·착취했다고 평가하였다. 육사는 또 갱단이 중국국민당의 계급적 기초가 되고, 때문에 장제스 정부가 상하이지역 공산주의자들을 짓누르려고 거기에 필요한 관직을 두웨성에게 주었다고 분석하였다. 깽단의 유지 기반은 아편 밀매와 노동자 착취였기 때문에 자금공급과 아편운반을 서로 보장하였고, 노동조합은 갱들의 손안에 들어 있는데다가 두목이 당치黨治에 참여하여 주도함에 따라 범죄단체가 되었다는 것이 육사의 분석이었다. 청방 지도자들의 비리와 범죄 행위를 육사는 이렇게 결론지었다.

상해사변에는 이삼인의 청방두목靑幇頭目들은 19로군十九路軍에게 무기를 공급한 대상으로 거대한 돈버리를 할 수가 있엇다. 일체의 회합과 행렬과 결사와 언론이 용서되지 안는 국민당의 치하에서 상해의 "깽"들만은 모든 악습과 범죄의 대비밀결사를 만들어 가지고 가장 대담하게 한 세력을 위하야 다른 한 세력을 궤멸하기에 난폭하게 상해의 집웅 밑을 도라단이는 것이다.

육사는 상하이 청방의 존재 형태를 샅샅이 분석하면서 비판하였다. 그 주장에는 갱단과 연대하고 있던 장제스 정부에 대한 강한 부정이 함께 실려 있었다.

「중국농촌의 현상」은 농촌이 몰락하자 정치권력에 맞선 농민의 저항이 정치투쟁으로 나아가고 있다고 분석한 글이다. 그는 중국의 산업이 원시적 자본주의 단계이며, 외국상품이 들어옴에 따라 농촌의 가내공업이 철저하게 부서지면서, 열

갱단의 3거두

강의 원료국으로 떨어지고 있다고 분석하였다. 또 육사는 중국이 통일시장을 형성하지 못해 외국상품자본이 활개 칠 수 있는 아주 좋은 기회를 주고 있으며, 1,300종이 넘는 잡세로 말해지는 가렴주구, 지주와 상업자본가의 고리대 및 수해가 삼위일체를 이루어 농촌을 황폐화시키고 있다고 주장하였다. 중국 농촌의 몰락이 농업중국의 파멸을 의미하며, 일반 농민이 현정권에 대한 부정적인 인식을 보이고 있다고 주장한 육사는 중국 농민의 투쟁 성격이 경제투쟁에서 정치투쟁으로 옮아가고 있다고 정리하였다.

다음으로 국제관계에 대한 글을 보자. 「국제무역주의의 동향」은 세계가 바야흐로 관세전쟁으로 들어서고 있다고 주장한 글이다. 그는 관세

정책의 변화를 고찰하면서 세계적으로 관세정책이 최혜국주의에서 박애주의로, 협정관세에서 법정관세를 거쳐 카르텔관세로 변하였고, 최근에는 모든 국가가 구제관세로 바뀜에 따라 세계가 관세전쟁으로 나아가고 있다고 이해하였다. 이 글은 육사가 국제무역과 관세정책을 분석하여 세계정국을 진단한 것인데, 세계경제에 대한 그의 높은 안목을 보여준다고 할 수 있다.

「1935년과 노불관계전망」은 소련에 대한 영국과 프랑스의 정책 및 국제구도를 분석한 글이다. 이 글은 세 가지로 정리된다. 첫째, 노불조약 체결 소식을 접하면서 영국과 프랑스가 소련에 대한 외교를 주도하려는 노력을 비교하였다. 둘째, 영국이 소련 주변의 약소국가들에 금융·군사·외교 등 여러 가지 노력을 퍼부었지만, 끝내 프랑스가 주도권을 쥐었다. 셋째, 프랑스는 히틀러가 출현함에 따라 위기에 놓인 베르사유Versailles 조약을 지켜내려고 소련을 필요한 지지자로 판단하고 있으며, 베르사유체제가 유지된다면 두 국가 관계가 지속될 것이다.

이들 시사평론을 보면, 육사의 정치적 안목이 다양하고 정밀했다는 생각이 든다. 중국에 대한 부분은 교육과정을 통해 쌓은 지식과 판단이라고 할 수도 있지만, 관세문제나 유럽정세 분석은 그가 세계정세의 변화를 제대로 읽어가고 있었음을 보여주는 것이다. 다만 이는 검거 직후 유물론을 발표했던 것과는 성격이 조금 다른 글들이다. 그래서 관세문제와 유럽 정세를 다룬 글은 육사의 것이 아닐 수 있다는 견해도 있다.

친일의 물결 헤치고
투쟁의 길로

또다시 베이징으로 간 이유는?

제2차 세계대전이 확산되면서 문인들에게도 일제통치의 압박이 가해졌다. 일제가 한글을 사용하지 못하게 억압하자, 육사는 한시漢詩를 짓기 시작했다. 어릴 때 이미 사서四書를 마친 탄탄한 바탕이 있는 데다가, 평소 시경이나 명인들의 한시에 영향을 받은 터였으므로, 한시를 짓는 데 별로 어려움이나 고심하는 빛이 없었다. 그는 신석초와 동생 원일·원조 등과 어울리면서 산행을 하고 글을 지었다. 1942년 여름에 발표된 「근하석정선생육순謹賀石庭先生六旬」·「만등동산晚登東山」·「주난흥여酒暖興餘」 등 세 편의 한시가 남아 있는데, 이것은 전해지는 작품 가운데 일부일 것이다. 이들 가운데 「주난흥여」는 1943년 하지 무렵에 윤세주를 그리워하는 마음을 담은 것이라는 연구가 나왔다(도진순, 「육사의 한시 '만등동산'과

'주난홍여」). 이는 육사가 「연인기」에 이어 윤세주와 투쟁을 이어가려는 다짐을 보여주는 것으로도 이해된다.

　육사는 본격적으로 다시 항일투쟁의 길을 선택하였다. 그 뜻을 처음 드러낸 때가 1943년 1월 1일이다. 마침 눈이 많이 내린 신정에 육사는 석초에게 답설踏雪, 곧 눈 밟기에 나서자고 제안했다. 두 사람은 청량리 홍릉과 홍릉수목원 일대를 걸었다. 그러다가 사람 자취가 드문 깊숙한 곳에 이르렀을 때, 육사가 석초에게 가까운 날에 베이징으로 간다고 밝혔다.

　1943년 신정은 큰 눈이 내려 온통 서울이 샛하얀 눈 속에 파묻혀 있었다. 아침 일찍이 육사가 찾아왔었다. 그리고 문에 들어서자마자 나를 재촉하여 답설踏雪을 하러 가자고 하였었다. 중국 사람들은 신정에 으레 답설을 한다는 것이다.
조금 뒤에 우리는 청량리에서 홍릉 쪽으로 은세계와 같은 눈길을 걸어갔다. 우리의 발길은 우리도 모르는 사이에 임업 시험장(현 홍릉수목원 – 필자 주) 깊숙이 말끔한 원림園林 속으로 옮겨가고 있었다. 울창한 숲은 온통 눈꽃이 피어 가지들이 용사龍蛇로 늘어지고, 길 양쪽에 잘 매만져진 화초 위로 화사한 햇빛이 깔려 있었다. 햇빛은 눈 위에 반짝이고 파릇파릇한 햇싹이 금방 돋아날 것만 같다.
"가까운 날에 난 북경엘 가려네."
하고 육사는 문득 말하였다. 나는 저으기 가슴이 설레임을 느꼈다. 한참 정세가 험난하고 위급해지고 있는 판국에 그가 북경행을 한다는 것은 무언가 중대한 일이 있다는 것을 직감케 하고 있었다. 그때 북경 길은 촉도蜀道만큼이나 어려운 길이었다. 나는 가만히 눈을 들여다보았다. 언제나 다름없이 상냥하고 사무사思無邪한 표정이었다. 그 봄에 그는 표연히 북경을 향하여 떠나간 것이다.

— 신석초, 「이육사의 인물」

육사의 최후 독사진

새하얀 눈을 밟으며 담담히 그의 마음을 털어 내는 장면이 마치 그림 한 폭처럼 손에 잡힌다. 석초는 육사가 베이징으로 간다는 뜻을 헤아릴 수 있었고, 그래서 더 묻지도 않았다. 육사가 베이징으로 떠나기 전에 찍어서 돌린 그의 사진은 그러한 다짐을 담은 것이 아닌가 여겨진다.

석 달 뒤 1943년 4월, 육사는 베이징으로 떠났다. 그의 이러한 선택은 참으로 힘든 일이요, 드문 사례였다. 왜냐하면 그 시기가 이 땅에서 내로라하는 문인들이 일장기 앞에 무릎을 꿇고 변절자 대열에서 깃발을 세워나갔던 때였기 때문이다. 글쓰기를 포기하고 들어앉은 인사들도 있었지만, 문인들의 다수가 친일의 물결에 동참하고 있었다. 그것도 혼자만이 흥분하는 것이 부족하여 일제의 앞잡이가 되어 용감하게 부르짖고 나서서 민족을 기만했던 것이다. 다수의 문인들이, 그것도 문단의 대표급 인물들이 일본의 승리를 확신하며 여기에 청년들의 동참을 촉구하고 나서는 판국, 즉 '전체 문학계의 친일화'라는 거대한 조류를 이루고 있는

청량리 수목원

상황임에도 불구하고, 그는 그러한 물줄기를 거스르며 자신의 길을 잡아나갔다. 별빛은 어두운 밤일수록 더 빛나 보이듯, 그의 발걸음도 그래서 더욱 값진 것이다.

육사는 왜 베이징으로 갔을까? 한 증언에 따르면 육사는 중요한 사명을 띠고 있었던 것 같다. 육사에게 가까운 동료 기자요, 동지인 이선장은 육사에게서 들은 이야기를 남겼다.

"북경으로 가서 동지를 만나보고, 다시 중경으로 가서 어느 요인을 모시고 연안으로 간다. 나올 때는 무기를 가지고 나와야 하겠는데, 그것을 만주에 있는 어느 농장에 두고 연락을 하겠다. 만주에는 일본 군부가 많이 쓰는 한약재인 대황大黃과 백작약白芍藥이 많다. 그것을 헐하게 사서 약을 반입하는 편에 숨겨서 반입시킨다. 자네가 약재 반입의 방법을 연구해 달라." ……

이러한 부탁을 하고 떠났다는 것이다. 이선장 씨는 만주에서 한약무역의 거상인 김성달金星達과 언제나 착수하도록 하고 있었는데 육사는 돌아오지 못하고 베이징에서 옥사하고 말았다.

- 김진화, 『일제하 대구의 언론연구』

육사가 순국한 지 1년쯤 지난 1944년 12월 육사의 외삼촌 허규가 이선장을 찾아와, "육사가 북경으로 가면서 '중앙에서 경북의 일을 이선장과 상의하라'는 말이 있었다"라고 전하였다고 한다. 한편 육사의 최후를 증언한 이병희가 '이장선'으로 기억하였는데, 이 사람이 바로 이선장이었다.

이 자료는 네 가지의 중요한 사실을 전해준다. 하나는 그가 베이징에 간 뒤, 다시 대한민국 임시정부가 있던 충칭으로 가고, 그곳에서 어느 중요 인물과 더불어 옌안으로 간다는 행선지와 임무를 말해주는 것이고, 둘째는 베이징으로 가는 것이 망명이 아니라 얼마 뒤에 돌아올 것이라는 점이며, 셋째 귀국할 때에는 무기를 들여올 것이며, 넷째 한약재로 자금을 마련한다는 사실이다. 여기서 말하는 옌안은 바로 타이항산을 의미할 것이다. 왜냐하면 1943년까지 조선독립동맹과 조선의용군의 근거지는 타이항산이었고, 1944년부터 옌안이 되기 때문이다.

이 가운데 처음에 등장하는, 육사가 충칭으로 가려했다는 사실을 밝혀주는 증언이 있다. 육사와 더불어 베이징에서 만나 충칭으로 가려고 논의하던 대상자 두 사람이 이병희와 '이원'이었는데, 이 가운데 이병희가 뒷날 필자에게 그 사실을 증언하였다.

충칭과 옌안을 연결하려 하다

1940년대 들어 중국지역 한국독립운동계는 크게 두 가지 틀로 나뉘었다. 충칭을 중심으로 활약하는 대한민국 임시정부가 그 하나요, 옌안을 중심으로 자리 잡은 조선독립동맹이 다른 하나였다. 대한민국 임시정부는 중국국민당 정부의 지원을 받아 외교활동, 광복군의 전선공작, 미군과의 연합작전, 국내에 대한 방송공작 등을 펼치고 있었다. 한편 옌안 세력은 중국공산당의 지원을 받아 조선의용대를 조선의용군으로 전환하고 항일역량을 키우고 있었다.

 1937년 중일전쟁 이후 중국국민당과 중국공산당은 제2차 국공합작을 맺고 있었다. 이에 따라 충칭에는 저우언라이周殷來가 이끄는 중국공산당 대표부가 터를 잡았고, 대한민국 임시정부가 이들과 밀접한 관계를 유지하고 있었다. 때문에 광복군 창설에 저우언라이와 둥비우董必武 등 중국공산당 요인도 참석하거나 축하의 뜻을 보내왔다. 이런 상황에서 육사가 충칭으로 가려했던 1943년에는 충칭의 대한민국 임시정부와 옌안의 조선독립동맹 사이에 합작을 일구어내려는 노력이 진행되고 있었다.

 한편 옌안에 한인 세력이 본격적으로 집결하기 시작한 시기는 최창익崔昌益과 허정숙許貞淑 등 8명의 좌파 인물들이 이동한 1938년 말부터였다. 그곳에서 1941년 1월 10일 무정武亭과 최창익이 화북조선청년연

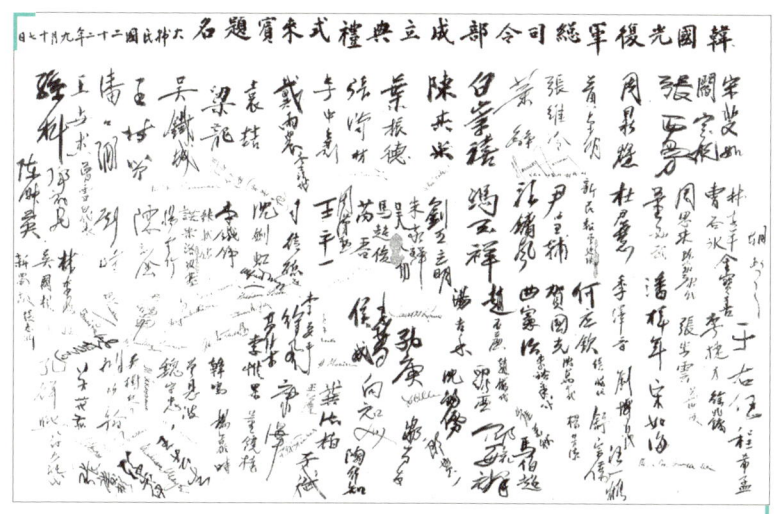
광복군 창군 축하 서명포

맹을 결성하고 북상하는 조선의용대를 받아들일 준비를 끝냈다. 김원봉이 거느리는 조선의용대 가운데 3분의 2에 해당하는 병력이 1940년 말부터 1941년 사이에 황허를 몰래 건너 화베이華北지역으로 이동하였다. 화베이지역에서 한인 동포들을 모집하며 항일투쟁을 벌이던 그들은 1941년 12월에 후자좡胡家庄전투와 싱타이邢台전투를 치르고서, 옌안으로 이동하였다. 그곳에서 그들은 1942년 8월에는 화북조선청년연합회를 조선독립동맹으로 바꾸고, 조선의용대를 조선의용군으로 개편하였다. 충칭에서 활동하던 김두봉金枓奉이 옌안으로 가서 이들과 합세하여 조선독립동맹 중앙집행위원회 주석을 맡은 시기도 이 무렵이었다.

충칭과 옌안 사이에 김학무金學武가 김구와 김두봉의 서신 연락을 맡았다. 또 옌안에서도 행사장에 대한민국 임시정부 주석 김구를 명예주

석단에 추대하거나 쑨원·장제스·마오쩌둥과 함께 김구의 초상화를 대회장에 걸기도 했다. 이와 마찬가지로 대한민국 임시정부는 기관지 『독립신문』에 조선의용군을 소개하고, 또 1945년에 국무위원 장건상張建相을 옌안으로 파견하여 합작을 추진하였다. 이처럼 충칭과 옌안 사이에는 합작을 위한 물밑 교섭이 조금씩 전개된 것이 1940년대의 상황이었다.

이 무렵 육사가 "충칭으로 가서 어느 요인을 모시고 옌안으로 가려했다"는 말은 두 세력 사이의 교류와 교감에 그가 참가하려 했다는 것이다. 그렇지만 실제로 그가 누구와 함께 충칭에서 옌안으로 가려고 계획을 세웠는지에 대해 알 수 없다. 추측할 만한 인물은 윤세주일 수 있다. 조선의용대에 속해 활동하던 윤세주야말로 육사에게 군사간부학교에 들어가도록 권유했을 뿐만 아니라 가장 아끼고 좋아했던 동지였다. 그러한 사실은 이미 「연인기」에서도 드러났고, 또 앞에서도 보았듯이 한시 「주난흥여酒暖興餘」에서도 등장했다고 주장되기도 한다. 다만 이 시기에는 이미 윤세주가 타이항산 일대에서 활약하다가 1942년 5월 28일 전사하고 말았는데, 육사는 그 사실을 몰랐을 것이다.

한 가지 더 살펴볼 일은 그가 베이징에서 붙잡히기 전에 만난 사람이 이병희와 '이원'이었는데, 이병희는 다음에 설명할 터이지만, 이원에 대해서는 그가 육사 및 이병희와 친척이라는 사실 이외에는 알 수가 없다. 간부학교 동기생 가운데 '이원李遠'이란 인물이 있었지만, 출신지가 평안도나 경상도라는 엇갈리는 정보가 있어서 확인하기 어렵다.

여기에서 한 가지 주목할 일은 그가 귀국할 때 무기를 반입하려 했다

베이하이(북해)공원

는 사실이다. 그런 계획을 세운 데에는 1940년대에 들어 국내에서는 독립군적인 조직들이 나타나고 있었던 점과 걸음을 같이하는 것으로 이해된다. 즉 육사가 무기를 반입하고자 했던 이유도 이러한 상황에서 비롯한 것으로 추정해볼 수 있을 것 같다.

대체로 국내에서 자생하고 있던 독립군적 성향의 조직들 가운데 태극단太極團·순국당殉國黨 등 20여 개의 학생 조직과 자유청년연합회(안동), 창유계暢幽契(울진), 대왕산결사대大旺山決死隊(결심대, 경산), 조선청년우국단(서울), 건국동맹(서울), 농민동맹(양평) 등의 사회인사 조직 및 백의동맹白衣同盟(춘천)과 같은 사회인사와 학생의 연합조직 등이 나타났다. 그런데 이들 조직들의 공통적인 특징은 무력항쟁을 도모하는 독립군적인 성향에 있었다. 따라서 육사가 무기를 들여오려 했던 이유도 이러한 상황에서 비롯한 것 같다.

그가 마지막으로 붙잡힌 시기도 기록에 따라 크게 엇갈린다. 떠난 지 3개월 정도 지난 1943년 7월에 그는 모친과 맏형의 소상小祥에 참여하기 위해 귀국했다고 한다. 고향 마을인 원촌까지 다녀간 그는 안동 풍산(권씨 집)에서 일박하고 상경한 뒤, 늦가을에 동대문경찰서 형사대와 헌병대에 검거되었다는 것이다. 그의 아내 안일양은 6월(아마 음력일 것이다), 즉 7월에 동대문경찰서에서 마지막으로 육사를 보았다고 전한다. 그리고 20일 넘게 서울에서 구금생활을 치르다가 끌려갔다. 그렇다면 맏형과 모친의 소상에 참여하자마자 체포되었고, 20여 일 지나 베이징으로 끌려갔다는 말이 된다.

딸은 아버지가 베이징으로 끌려갈 때 마지막으로 만난 곳을 청량리역이라 증언한다. 태어난 지 2년 반 정도 지난 어린 나이였지만, 자신을 업고 간 사람과 어머니의 회고를 통해 그날 장면을 기억하고 있다. 그날 아내 안일양은 당시 수유리에 살던 육사의 재종숙(7촌 아저씨) 이규호李圭鎬(우송)에게 딸 옥비를 맡기고 남편을 만나러 나갔다. 이규호는 원촌마을 출신이자 육사 가족이 대구로 떠날 때 도움을 주고 생가를 맡아준 인물이기도 하다. 또 그는 1920~1930년대 안동지역에서 사회운동에 참가한 인물이기도 했다. 그런데 이규호는 육사가 베이징으로 끌려가던 그 걸음이 마지막이 될지도 모른다는 생각이 들어, 돌보고 있던 옥비를 업고 청량리역으로 나간 것이다. 다행스럽게 딸은 아버지를 만났다. "전에 없이 심각한 표정으로 딸의 볼을 얼굴에 대고, 손을 꼭 쥐고는 '아빠 갔다 오마'라고 말했다"고 딸은 전해들은 이야기를 해주고 있다. 어린 딸 옥비가 아버지를 마지막으로 만났다는 장면이 바로 청량리역이었던 것이다.

신석초는 그 시기를 조금 다르게 표현하였다.

> 그해(1943년 - 필자 주) 늦가을에 서울에 올라와 보니 뜻밖에도 육사가 귀국해 있었다. 그때의 반가움은 이루 말할 수가 없었다. 곧 친구들은 모아 시회를 열기로 했다. 그래 우리 집에 모두 모였는데 육사 형제가 나타나질 않았다. 우리는 불안한 예감으로 마음을 졸이며 기다렸다. 과연 밤늦게야 그의 아우가 와서 육사는 헌병대가 와서 체포하여 북경으로 압송해 갔다는 말을 전한다. 우리는 절망하였다. 그리고 분통과 충격으로 한동안 묵연하여 술잔을 들지 못하였었다.
> — 신석초, 「이육사의 인물」

그것이 육사의 마지막 길이었다. 석초가 늦가을에 올라와 그를 만나고 시회를 준비하였다. 모친과 형의 소상은 모두 양력으로 6월이다. 여기에 고향을 다녀왔고, 얼마 동안 머문 시간도 있었으니, 아마도 육사가 체포된 시기는 가을에서 초겨울 사이가 아니었나 짐작된다. 이때가 늦가을이라는 사실은 베이징에서 육사와 함께 감옥에 갇혀 지낸 이병희가 초겨울쯤으로 기억하는 것과 비슷하다.

베이징에서 순국하다

육사가 베이징으로 끌려간 뒤 마지막 모습은 뒷날 이병희李丙禧라는 인물이 발굴됨에 따라 드러났다. 1994년 대구문화방송의 특집을 준비하다가 제작자의 노력으로 이병희의 생존 사실을 알게 되었고, 필자는 암 수술을 받고 퇴원한 지 보름 정도 지난 이병희를 서울 창천동 자택에서 만나 육사의 최후 장면을 되살려낼 수 있게 되었다. 육사의 마지막을 기록한 제적등본은 "1월 16일 오전 5시 중화민국 베이징시北京市 내이이취內一區 둥창후퉁東昌胡洞 1호에서 사망, 동거자 이병희가 신고"했다고 적혀있다. 여기에 나오는 이병희는 1917년 1월 14일 서울에서 태어난 여성인데, 본디 육사의 고향인 원촌마을에서 낙동강 건너편 부포浮浦마을 출신으로 진성이씨 같은 집안이다. 큰 아버지 백농白儂 이동하李東廈(본명 이원석李元稙)와 부친 이경식李京植(이동한李東漢)이 모두 독립운동을 펼쳤고, 그런 집안에서 자랐다. 이병희는 서울여상에 다니던 어린 시절, 1930년대 동대문에 있던 종연방직공장을 중심으로 파업투쟁을 앞장섰다가 2년 4개월 동안 서대문형무소에서 옥살이를 치른 인물이다.

    육사가 1943년 베이징에 갔을 때 신문보급소를 운영하던 이상호의 집에서 머물렀다. 그때에도 가깝게 지낸 인물이 바로 이병희였다. 육사는 베이하이공원에서 이병희·이원에게 충칭과 옌안행에 대한 계획을 털어놓았다. 그러다가 모친과 형의 소상에 다녀온다면서 잠깐 국내로 떠난 뒤, 초겨울에 들어 이병희가 육사를 만난 곳이 바로 감옥이었다. 그 장면을 이병희는 다음처럼 증언했다.

1943년에 베이징에서 만난 육사가 한국을 다녀온다고 떠났다. 그런데 그해 말쯤 베이징의 집으로 형사가 불쑥 찾아왔다. 사쿠라다櫻田 형사는 이미 서울에서 만난 적이 있던 사람이어서 얼른 알아볼 수 있었다. 함께 가야 한다는 말에 방구석에 놓인 육사의 소지품(노트와 필기구 등)이 걱정이 되어 순간적으로 연기를 펼쳤다. 형사가 방안을 들여다보지 못하도록 하고서 육사가 남긴 물건을 치워야 했기 때문이다. 그래서 이병희는 형사가 바라보는 앞에서 속옷까지 훌훌 벗으면서 "옷을 갈아입고 가겠다"고 말했다. 처녀가 옷을 모두 벗어내는 모습을 그냥 쳐다보기 힘들게 된 형사가 문을 닫고 밖에 서 있는 틈에, 이병희는 육사의 소지품을 다락에 치웠다. 그리고 형사에게 끌려갔다.

감옥에 갔더니 육사도 그곳에 있었다. 그런데 육사가 콜록콜록 기침하는 소리가 건너편 방으로부터 밤낮 들려왔다. 폐병으로 원래 약한데다가 잘 먹지도 못하고 추운 감방에서 고생하느라 더욱 힘이 들었다.

그러다가 이병희는 먼저 풀려났다. 그러고서 한 일주일쯤 지나 간수가 찾아와서 육사가 죽었다면서, "너밖에 더 있냐. 시신을 인수해 가라"고 말했다. 이병희는 감옥으로 가서 육사 시신을 확인하고, 급하고도 어렵게 돈을 구해 화장을 치렀다. 그 유골이 든 상자를 둘 곳이 없어 이귀례라는 친구의 방에 두었다. 마침 이귀례는 아이를 낳은 지 며칠 되지 않은 터라, 산모와 신생아의 머리맡에 유골함을 둘 수밖에 없었다. 그런데 이 유골을 고향으로 보낼 길이 없었다. 전쟁 시기라서 본국을 드나드는 일이 쉽지 않았다. 그래서 이병희는 일본총영사관을 찾아가 육사의 유해를 보내는 일을 말했다. 그랬더니 총영사관 경찰이 베이징에서 벌어진 어떤 사건에 관계된 것처럼 만들어 육사의 동생 원창을 베이징으로 불렀고, 그 편에 유골을 보낼 수 있었다.

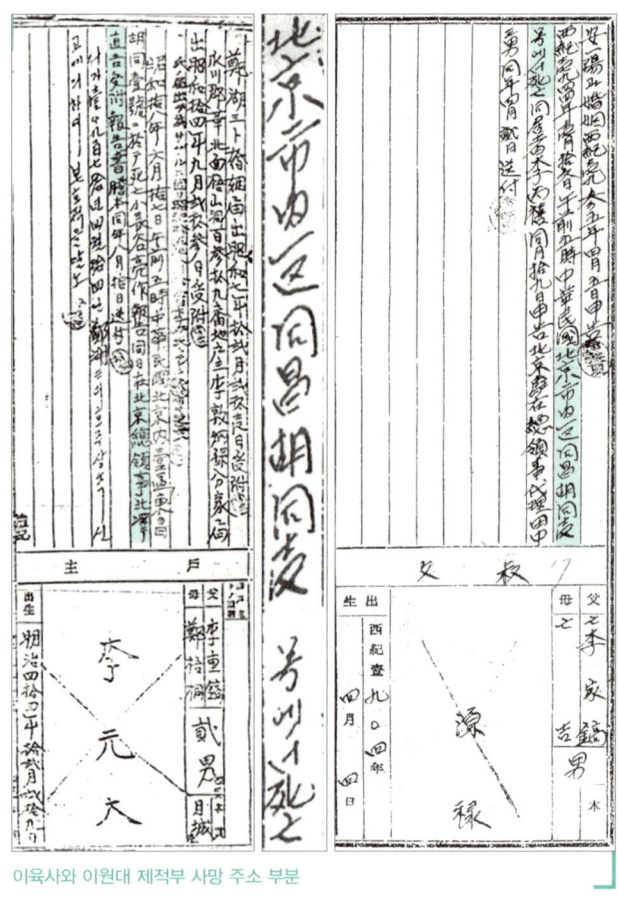

이육사와 이원대 제적부 사망 주소 부분

이병희의 회고를 요약하면 이렇다. 첫째, 육사가 베이징에서 신문보급소를 경영하던 이상호의 집에 머물렀다. 둘째, 1943년 말에 육사가 국내에서 체포되어 베이징으로 온 뒤, 이병희 자신도 서울에서 파견되어 온 형사에게 체포되어 베이징 감옥에 구속되었다. 셋째, 얼마 뒤 풀려 나온 이병희는 일주일쯤 뒤에 간수장으로부터 "육사가 사망했으니 시신을 인수해 가라"는 통지를 받았다. 넷째, 육사의 유해를 인수하고 화장한 뒤 아기를 낳은 지 3일이 된 이귀례의 산실 윗목에 유골함을 두었다. 다섯째, 국내에 있던 육사의 동생 원창을 불러 유골을 넘겨주었다. 여기에 등장하는 이귀례는 작가 임화林和(본명 임인식林仁植, 1908~1953)의 전처로 알려진다.

'베이징 감옥'은 어디일까

그가 최후를 맞은 곳으로 제적등본에 기록된 곳은 베이징시 네이이취內一區 둥창후퉁東昌胡同 1호이다. 그런데 이곳은 육사보다 일곱 달 앞서 1943년 6월 조선의용대원으로 활약하다가 붙잡혀 순국한 영천 출신 이원대李元大의 순국 장소다. 그렇다면 그곳은 단순한 거주지가 아닌 것 같다.

둥창후퉁 1호는 역사적으로도 그리 간단한 곳이 아니었다. 명대에 환관이 주도하여 정보를 수집하던 특무기구 둥창東廠이 있던 곳이며, 리위안훙黎元洪이 이곳에 살다가 1916년 위안스카이가 죽자 대총통을 승계한 곳이기도 하다. 많은 건물과 정원을 갖춘 화원형의 대저택이었다. 뒤에 베이징대학 교장 시절 후스胡適가 그 건물 가운데 한 곳에 살았다. 그러다가 1926년 일본이 이곳을 사들여 동방문화사업위원회를 두고 1937년 베이징을 점령하면서 '東廠'을 '東昌'으로 바꾸었다. 그러다가 문화혁명 때 런민루人民路 십조十條가 되었다가 그 뒤에 본래의 이름 '東廠'으로 되

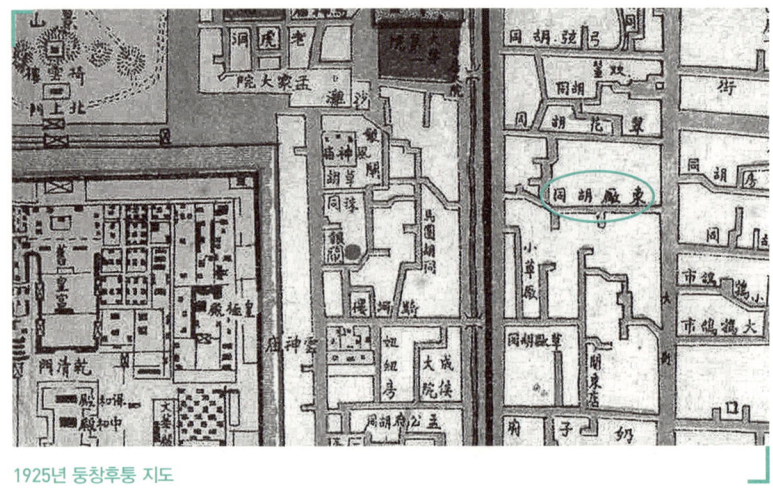

1925년 둥창후퉁 지도

돌려졌다.

 육사의 순국지는 '둥창후퉁' 1호와 현재 28호 두 곳으로 알려진다. 현재 1호에는 '중국사회과학원 근대사연구소'가 있고, 28호에는 베이징 점령 시기에 일본이 설치한 것으로 알려진 감옥 자취가 있다. 육사와 이원대가 사망한 곳으로 적힌 곳은 1호이고, 감옥 자취라고 알려지는 곳은 바로 앞 28호이다. 그런데 크게 보면 둥창東廠이라는 공간이 워낙 큰 곳이어서 두 지역 모두 같은 영역에 속한다.

 이곳에 일제가 설치한 감옥이 있었다는 사실은 1997년 팡쥔方軍이 펴낸 『아인식적귀자병我認識的鬼子兵』에 기록돼 있다. 이 책은 저자가 일본에서 중일전쟁에 참여했던 일본군 노병 등을 만나 취재한 내용을 바탕으로 쓴 '보고문학'이다. 그 내용 가운데 '야마시타山下'라는 일본군 노병은 중일전쟁 당시 일본군 '중위' 출신으로 '감옥장監獄長과 같은 말단 관리'를 지냈으며, 바로 그가 근무했던 곳이 '둥창후퉁'에 있던 '둥창감옥東廠監獄'이었고, 여기에 잡혀온 중국군을 고문하거나 죽인 사실 등을 증언했다(方軍,『我認識的鬼子兵』). 하지만 정확한 호수는 언급되지 않았다. 그런데 몇 년 전부터 현지 주민(노인)들이 '28호' 건물을 일제가 설치했던 감옥이라고 증언하기 시작했다. 한 가지 덧붙일 것은 베이징의 둥청취東城區에 둥창감옥 말고도 일본이 설치한 감옥이 몇 개 더 있었다는 사실이

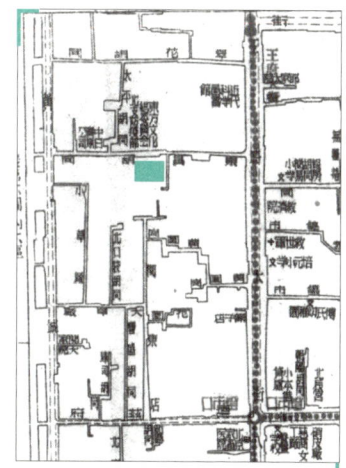

1942년 둥창후퉁 지도 1호 자리에 근대과학도서관이 있고, 복판에 동방문화총위원회, 북지방역부, 그리고 네모 표시한 곳이 현재 28호.

다. 대표적으로 '파오쥐후퉁炮局胡同'에 '일본육군'이 설치한 감옥이 있었고, 베이징대학의 '홍루紅樓'에 '일본헌병대'가 설치한 감옥이 있었다고 한다.

둥창후퉁 1호에는 1945년 패전할 때까지 동방문화사업위원회가 있었다. 이것은 일본이 1925년부터 의화단 배상금을 갖고 중국에서 펼친 문화사업기관이었다. 사업 핵심은 베이징에 인문과학연구소를, 상하이에 자연과학연구소를 세우는 것이었다.

베이징에 세워진 인문과학연구소는 1927년 12월 20일 성립되었다. 바로 둥창후퉁에 있던 리위안훙의 관저를 사들여 연구소로 사용하면서, 이곳에 동방문화사업총위원회도 함께 두었다. 그런데 이 위원회는 중일

중국사회과학원 근대사연구소 현재 둥창후퉁 1호에 중국사회과학원 근대사연구소가 있다.

감옥 자리로 알려진 현재 28호

관계가 나빠지는 바람에 제대로 된 성과를 올리지 못하고 명맥만 유지해나갔다. 1945년 일제가 패망하자 중국 국민정부는 이 위원회를 접수하였다. 그런데 최근 중국의 연구는 이 기관이 문화특무기관이라고 평가하기도 한다. 중국의 고서를 수집한다거나 번역하는 일을 비롯하여 베이징 원인猿人을 비롯한 역사유물과 유적을 조사하는 일, 관련된 인물들을 회유하거나 포섭하는 것 등 문화공작 임무를 맡은 기관이라는 것이다. 이에 대한 추적과 규명이 아직 부족하다.

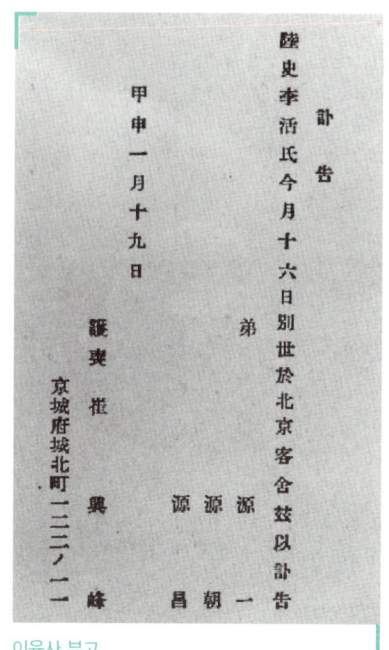

이육사 부고

고향에 묻히다

이병희의 노력으로 육사의 유해는 순국 후 9일이 지난 1944년 1월 25일에 동생 원창에게 넘겨졌다. 이날은 음력으로 섣달 그믐날이었다. 이병희는 이날 혼인하기로 약정해두었다가 운구하는 바람에 치르지 못하고, 20일이 지난 음력 1월 20일, 곧 양력 2월 14일 혼례를 치렀다. 그래서

육사 부부 묘소

그 날짜를 정확하게 기억하였다. 육사의 유해는 서울 미아리 공동묘지에 묻혔다가, 1960년에 고향 원촌마을 뒷산으로 옮겨졌다.

한 가지 아쉬운 것은 그때 숨겨둔 육사의 소지품, 특히 시작품과 연락 상황 등을 적어놓은 것으로 보이는 노트를 찾을 길 없다는 사실이다. 아쉬움은 크지만 집안 친척인 이병희라는 여인이 발굴되어 그의 마지막 모습을 되살려낼 수 있어서 큰 다행이다. 더구나 암 수술 이후 투병생활을 견디면서도 자세하게 그 내용을 증언함으로써, 자칫 의문으로만 남을 뻔했던 문제가 해결되었다.

육사의 묘소는 고향마을 원촌의 뒷산에 있다. 마차골(마편곡馬鞭谷) 가파른 언덕길을 올라가야 하는데, 이육사문학관이 세워진 뒤로는 길도 다듬어지고 찾는 이도 많아졌다.

  육사는 아내 안일양과 나란히 잠들어 있다. 나무에 가려 비록 강물은 바라보이지 않지만, 가만히 듣고 있으면 낙동강 물소리가 고향마을을 가로질러 마차골을 타고 올라온다. 밤이면 그 소리는 더욱 세차게 들린다. 그는 일찍이 그 강물소리를 들으며 꿈을 키웠다. 그 모습이 "그때 나는 그 물소리를 따라 어데든지 가고시픈 마음을 참을 수 업서 동해東海를 건넛고"라는 표현으로 수필 「계절의 오행」에 나타난다. 그는 지금도 이 자리에 누워 그 물소리를 듣고 있다.

다시 올 초인을 기다리며

그의 삶은 40년을 못다 채운 39년 8개월이라는 짧은 시간이었다. 40년 세월이라면 반은 태어나고 자라는 성장기요, 나머지 절반이 활동기였다. 그러니 20년이라는 그의 생애는 사실 무엇을 이루고 드러내기에도 턱없이 짧은 '찰나'였다. 그런데도 그는 짙고도 많은 자취를 남겼다.

그의 일생은 한 편의 짧은 드라마다. 그것도 고민과 번뇌로 지새운 한 지식인의 양심 역사이다. 역사와 전통을 감싸 안은 고향마을, 안동 도산의 원촌, 그곳에서 어린시절 한학을 배우며 자란 육사가 보문의숙과 도산공립보통학교를 졸업하고, 가족과 더불어 대구로 옮겨갔다. 아버지의 엄명으로 일찍 결혼한 그는 처가 마을에서 백학학원을 다니고 또 그곳에서 가르치기도 했다. 가문의 영향으로 민족문제에 일찍이 눈을 떴고, 일본에 아홉 달 정도 유학하면서 민족문제에 대한 인식이 더욱 굳어졌다. 귀국하여 대구에서 문화활동을 벌이던 육사는 베이징을 드나들기 시작하면서 중궈대학을 다닌 것으로 보인다.

1927년에 귀국했다가 마침 장진홍의거가 터지자, 이에 엮여 1년 7개월 동안 억울하게 옥살이를 하였다. 1929년 5월에 풀려나자 『중외일보』 기자로 활동하면서 1930년 1월 3일자로 『조선일보』에 「말」이라는 첫 시를 발표하였고, 곧 『조선일보』 기자로 자리를 옮겼다. 1931년 1월 대구격문사건으로 붙잡혀 들어가 고생하다가 3월 말에 풀려난 그는 만주를 드나들며 활동 방향을 잡았다. 그것이 바탕이 되어 1932년 4월 만주로 가서 의열단 핵심인물 윤세주와 김시현을 만나 난징으로 이동하였다. 그곳에서 김원봉을 만나고 10월에 문을 연 조선혁명군사정치간부학교 1기생으로 들어가 초급군사간부로 성장하였다. 이 무렵 국내에서 발간된 『대중』 창간임시호에 실린 그의 글 「자연과학과 유물변증법」은 출국하기 전에 써둔 것으로 판단된다.

1933년 7월 국내에 들어와 자리를 마련하면서 시사평론을 발표하기 시작하다가 1934년 3월 조선혁명군사정치간부학교 출신이라는 사실이 드러나는 바람에 경찰에 붙잡혔다. 6월에 출옥한 그는 문단활동을 폈는데, 주로 1935년을 전후하여 시사평론에 몰입하면서 장제스 정부의 독재성을 집중적으로 분석하고 장차 일어날 사태를 가늠해주었다. 1930년대 후반에 본격적으로 시와 수필을 쓰면서 문학평론도 발표하였다. 그러다가 일제의 한글 사용 규제에 저항하여 한시를 쓰던 그는 문인들의 친일 물결을 거스르며 다시 독립운동 대열로 뛰어들었다. 그것이 마지막 베이징행이었다. 충칭과 옌안을 연결하고, 국내로 무기를 사들여 온다는 계획을 추진하다가 1943년 가을에 붙잡혀, 이듬해 1월 16일

「청포도」 시비 제막식

베이징의 일본 감옥에서 순국하였다.

한 번 독립운동에 발을 들여놓기도 쉽지 않다. 그렇지만 한 번 떠나온 투쟁의 대열에, 그것도 일본의 침략전쟁이 한창이던 때 항일투쟁의 맨 앞으로 치고 나간다는 것은 사실상 불가능에 가까운 일이었다. 더구나 대다수 문인들이 친일의 길을 갈 때가 아니던가. 그래서 우리 독립운동사에서 육사와 같은 존재가 쉽게 눈에 띄지 않는 것이다.

그는 선비라고 부르기에는 군사간부요, 초급장교라는 낯선 경력이 붙어 있다. 이와 반대로 그를 군인이라고 말하기에는 조용하고 단아한 시인이다. 서로 어울릴 것 같지 않은 두 가지 성격이 맞물려 있다. 말 없고 단아한 선비요, 권총 명사수로 알려진 군사간부학교 출신인 그는 문무를 아우른 사람이다. 문학에 심취한 선비요, 근대 문인이면서도 곧고 강한 집념을 가진 군인의 면모를 보일 수 있었던 바탕은 무엇일까? 여기에 원촌마을, 나아가 안동과 퇴계 학맥을 계승하는 문화권의 특성이 깔려 있는 것이라 짐작된다.

독립운동사의 첫 장(1894년 갑오의병)이 열린 곳이 안동이요, 가장 많은 독립유공포상자(2016년 현재 350여 명) 배출한 곳도 안동이며, 가장 많은 자결 순국자(약 70명 가운데 10명)를 배출한 곳도 안동이다. 한 지역의 독립운동으로 51년 한국 독립운동사 서술이 가능한 곳이 안동이요, 원촌마을이다. 그 전통에서 꺾이지 않는 그의 기개가 나왔다.

그의 문학적 기질도 역시 퇴계 학맥의 연장으로 이해할 수 있다. 전통적인 퇴계 학맥이 이어져오다가 근대 신학문과 만나는 지점, 전통 한문학과 신문학이 만나는 접합점에 육사가 서 있었다. 그런데 근대를 향해 나아가다 보면 자칫 근대지상주의가 되어 외세에 빌붙거나 앞잡이가 되어 반민족적인 길을 걷게 되는 경우가 허다했다. 이 말은 주체성을 지키면서 근대로 나아가기란 쉽지 않았다는 뜻이다. 실제로 그런 인물을 찾아보기 힘들다. 문학은 다른 분야보다 특히 더 그랬다. 근대 문인 가운데 친일하지 않은 인물을 찾기가 힘든 이유도 거기에 있다. 그런데 육사는 보기 드물게 전통문학을 바탕으로 근대문학으로 들어서는 접합점에 서 있으면서도 민족 주체성을 단단하게 붙잡고 서 있던 인물이다. 민족의 양심을 지키면서 근대문학으로 나아간 인물이다. 그래서 그의 존재가 더욱 가치가 있다. 민족을 생각하여 독립운동가의 길을 택했고, 그의 핏속을 흐르는 문학적 기질이 그를 문인으로 잡아두었다. 그래서 그가 '저항시인'이자 '민족시인'이 될 수 있었던 것이다.

이육사 동상과 「절정」 시비

강변에 세워진 육사 시비, 옮겨진 광야 시비(안동민속박물관)

그는 "백마 타고 오는 초인이 광야에서 목 놓아 부르게 하겠다"고 다짐했다. 그런데 필자가 보기에는 그 초인은 다름 아닌 육사, 그였다. 그 초인이 가진 믿음과 뜻, 그리고 삶은 어떤 것이었나? 1940년에 발표된 「절정絶頂」은 육사의 고민과 자세를 전해주고 있다.

절정絶頂

매운 계절의 챗죽에 갈겨
마츰내 북방으로 휩쓸려오다

하늘도 그만 지쳐 끝난 고원高原
서리빨 칼날진 그 우에 서다
어데다 무릎을 꾸러야 하나?
한발 재겨디딜 곳조차 없다

이러매 눈깜아 생각해볼밖에
겨울은 강철로 된 무지갠가보다.

서릿발처럼 칼날 진 꼭대기, "한 발 재겨 디딜 곳조차 없는" 그 고통 속에서도, 결코 무릎 꿇지 않는 지조가 강렬하게 드러난다. 어떤 시련에도 굴복하지 않고 올곧은 뜻을 지켜낼 지조는 초인이 가질 기본 요건이다. 나라가 어려워도 오로지 권력과 사사로운 이익에만 매달리는 사람들이 판을 치는 세상을 보고 있노라니, 새삼 그가 그리워진다. 다시 초인을 기다리는 이유가 여기에 있다.

이육사의 삶과 자취

1904	5월 18일 안동군 도산면 원천동(당시 원촌동) 881번지 진성이씨 이가호李家鎬와 許衡허형의 딸인 허길許吉 사이에 차남으로 출생, 어릴 때 이름은 원록源祿, 두 번째 이름이 원삼源三, 자는 태경台卿
1909	조부 치헌痴軒 이중직李中稙에게 소학 수학
1916	조부 별세, 가세 기울기 시작, 한학 수학, 보문의숙 수학
1919	도산공립보통학교(보문의숙을 공립으로 개편) 1회 졸업
1920	영천군 화북면 오동 안용락安庸洛의 딸 일양一陽과 혼인 남자형제들 대구로 이사 석재石齋 서병오徐丙五에게 동생 원일源一과 그림을 배움
1921	부모님과 여자들은 안동군 녹전면 신평동 562번지 듬벌이로 이사 처가에서 가까운 백학학원(1921년 설립)에서 수학(보습과 과정 ~1922년까지) 두 번째 이름 원삼 사용
1923	백학학원에서 교편 잡음(9개월)
1924	4월 학기에 맞추어 일본 유학 경찰기록 – 도쿄세이소쿠東京正則예비학교, 니혼대학 전문부 검찰신문조서 – 긴죠우錦城고등예비학교 1년간 재학
1925	1월 귀국 대구 조양회관을 중심으로 활동 이정기 조재만 등과 어울리며 베이징에 다녀옴

1926	7월 베이징 중궈대학 입학(상과 혹은 사회학과)
1927	여름 귀국
	10월 18일 장진홍의거에 얽혀 구속
1928	대구부 신정 90 - 1(형사사건부)
1929	5월 4일 보석으로 풀려남(집행원부, 증거불충분으로 면소)
	『중외일보』 기자 활동
	12월 무혐의 종결
1930	1월 3일 첫 시「말」『조선일보』에 발표, 아들 동윤 출생(만 2세 사망)
	1월 10일 광주학생항일투쟁이 파급되자, 대구청년동맹 활동으로 붙잡힘
	1월 19일 풀려남
	2월 『중외일보』 대구지부 기자로 임용
	3월 대구경찰서에 붙잡혔다가 풀려남
	6월 6일 대구부 남성정 19 『중외일보』 지국
	10월 『별건곤別乾坤』에 이활李活, 대구이육사大邱二六四 이름으로 「대구사회단체개관大邱社會團體槪觀」 발표
1931	1월 대구격문사건으로 붙잡힘
	3월 23일 석방(범죄혐의 없음, 형사사건부) 이후 만주 나들이
	8월 『조선일보』 대구지국으로 옮김
	만주에서 3개월 머물다 연말에 귀국
1932	1월 육사생이라는 이름으로 대구의 자랑 약령시의 유래 발표
	3월 조선일보사 퇴사
	4월 펑톈행
	7월 11일 붙잡힘
	7월 21일 조선공산주의자협의회 사건 기소유예 불기소

	7월~8월 베이징과 톈진에 머뭄
	9월 베이징에서 난징으로 이동
	10월 20일 난징 근교 탕산 조선혁명군사정치간부학교 1기생 학원으로 입교(신문조서에는 10. 10로 나옴)
1933	4월 20일 1기생 졸업(26명), 졸업식 연극〈지하실〉공연. 국내『대중大衆』창간임시호에 평문「자연과학自然科學과 유물변증법唯物辨證法」 게재(미리 투고), 같은 책「게재되지 못한 글 목록」에 '李戮史' 이름의「레닌주의철학의 임무」등장
	5월 상하이 이동
	6월 상하이에서 루쉰 만남
	7월 15일 국내로 출발, 『조선일보』대구지국 특파원 임용예정
1934	3월 22일 군사간부학교 출신 드러나 경기도경찰부에 구속(동기생이자 처남인 안병철이 자수한 후 졸업생 연이어 검거)
	6월 23일 기소유예 의견으로 석방
	8월 31일 기소유예 확정, 이후 시사평론 다시 집필
1935	정인보 댁에서 신석초 만나 친교
	다산 정약용 서세 99주기 기념『다산문집茶山文集』간행 참여
	신조선사新朝鮮社의『신조선新朝鮮』편집 참여
	본격적으로 시詩 발표
1936	만주행으로 취조 받음
	7월 동해송도원(포항 소재)에서 휴양, 경북 포항 서기원 방 육사의 이름으로 엽서 발송
	8월 경주 남산 신인사지神印寺址 옥룡암玉龍庵에서 휴양
	10월「루쉰魯迅추도문」5회 연재
	11월 18일(10. 5) 모친 환갑(대구시 상서정 23)

1937	평문의 성격 변화(시사에서 문학으로), 도쿄 방문
1938	가을 신석초와 부여 관람
1939	1월 13일(11. 29) 부친 회갑
	신석초·최용··이명룡 등과 경주 여행
	종암동 62번지 이사
	8월 「청포도靑葡萄」 발표
	첫딸 경영 출생(홍재동으로 분가해서 출생)
1940	시 「절정絶頂」 등 발표
1941	3월 27일(2. 30) 명륜정 3정목 57-3번지에서 옥비 출생(출생신고 1942. 12. 29)
	4월 부친상(종암동 62)
	늦가을 폐질환으로 성모병원 입원
1942	2월 성모병원 퇴원, 경주 기계 이영우 집에 머묾
	6월 12일(4. 29) 모친상, 한글 사용 규제를 받아 한시漢詩 짓다
	7월 신인사지 옥룡암에서 요양
	8월 24일(7. 13)형 원기 사망
1943	1월 신정, 석초에게 베이징행 밝힘
	4월 베이징행, 충칭과 옌안 연결 및 국내 무기 반입 계획
	모친(양력 6. 1, 음력 4. 13)과 형(양력 8. 13, 음력 7. 13) 소상 참여 귀국
	늦가을 붙잡혀 베이징으로 끌려감
1944	1월 16일 베이징 네이이취內一區 둥창후퉁東廠胡同 1호에서 순국(동방문화사업위원회 자리)
	먼저 풀려난 친척이자 동지인 이병희李丙禧가 시신을 거둬 화장. 동생 원창에게 유골 인계, 미아리 공동묘지 안장(1960년 원촌 뒷산으로 이장)

1945	동생 원조가 유시 「꽃」, 「광야曠野」 소개
1946	동생 원조가 『육사시집陸史詩集』 출판
1968	건국훈장 애국장(건국포장에서 1990년 기준 변화) 추서

참고문헌

- 김영범, 『혁명과 의열 – 한국독립운동의 대면 –』, 경인문화사, 2010.
- 김진화, 『일제하 대구의 언론연구』, 화다출판사, 1978.
- 김희곤, 『이육사 평전』, 푸른역사, 2010.
- 도진순, 『강철로 된 무지개』, 창비, 2017.
- 박현수, 『원전주해 이육사 시전집』, 예옥, 2008.
- _____, 『한 권에 담은 264 작은 문학관』, 울력, 2016.
- 심원섭 편주, 『원본 이육사 전집』, 집문당, 1986.
- 이동영, 『한국독립유공디사열전』, 육우당기념회, 1993.
- 한상도, 『한국독립운동과 중국군관학교』, 문학과지성사, 1994.
- 한시준, 『한국광복군 연구』, 일조각, 1993.
- 홍석표, 「이육사의 중국 유학과 中國大學」, 『중국어문학지』, 2009.

찾아보기

ㄱ

가토 이치부加藤一夫 44
간궈쉰干國勳 98
간토대진재 42, 43, 47
강평국姜平國 94
건국동맹 171
경북청년동맹 156
경북청년연맹 67
경북형평사대구지사 67, 156
「계절의 오행」 17, 20, 54, 183
공민왕 14, 17
「공인 "깽그"단 중국청방비사소고」 76, 157, 160
곽장호郭章顥 112
곽종석郭鍾錫 36, 40
광복군 168
광복회 21, 62
광주학생항일투쟁 65, 67, 69
교남학교嶠南學校 37
구리하라 이치난栗原一男 44
구어민대학國民大學 52, 54
구와관쓰古瓦官寺 105
국민혁명군중앙군사징치학교 96
「국제무역주의의 동향」 157, 161
권준權畯 94, 100, 114
극동민족대회 90

근우회 대구지회 67, 155
「근하석정선생육순謹賀石庭先生六旬」 163
김공신金公信 112, 113, 126, 131, 141
김구 93, 108, 125, 169, 170
김규식 24
김기수金箕壽 38
김대륙金大陸 112
김두봉金枓奉 71, 72, 169
김련일金連日 112
김봉기金鳳箕 73
김상철金相哲 62
김성제金聖濟 112
김세옥金世玉 112
김세일金世日 101, 112, 120
김수길金壽吉 112
김시현金始顯 90, 103, 104, 185
김영배金永培 112, 126, 132
김영재金英哉 112
김원봉 72, 86, 89, 93, 95, 98, 100, 101, 103~105, 108~110, 112~117, 119~122, 124~126, 169, 185
김윤곤金潤坤 154
김을한金乙漢 86
『김일성정전金日成正傳』 22
김재명金在明 38
김정묵金正黙 62
김정우金政友 100, 114

김종金鐘 94, 100, 114
김지광金芝光 112
김지섭金祉燮 43
김진화金鎭和 45
김창숙金昌淑 48, 49, 93
김천만金千萬 112, 113
김철 44
김태련金兌鍊 74
김태엽金泰燁 43, 45
김학무金學武 169
김홍묵金洪黙 94
긴죠우고등예비학교 41, 42

ㄴ

나경석羅敬錫 86
나리타成田竹次郎 30
나석주羅錫疇 48
남만희南萬熙 154
남형우南亨祐 47, 48
노건盧建 94
노석성盧錫聖 112
노세방勞世方 94
노을룡 100, 114
노일룡盧一龍 94
노철룡盧喆龍 112
농민동맹 171
니이이 타루新居格 44
니혼대학日本大學 41

ㄷ

다물단多勿團 48

대구격문사건 69, 71
대구고등보통학교 37, 69
대구구락부 45
대구농림학교 69
「대구사회단체개관大邱社會團體槪觀」 67, 76, 155, 157
대구소년동맹 67, 155
대구여자청년회 45
대구운동협회 45
「대구의 자랑 약령시」 157
대구 이육사大邱 二六四 66, 76~78
「대구장 연구회 창립을 보고서」 139, 157
대구청년동맹 65~67, 153~155
「대구행진곡大邱行進曲」 76, 77
대독립당북경촉성회 48
대왕산결사대大旺山決死隊 171
대일전선통일동맹 96
대한민국 임시정부 21, 73, 108, 125, 168
도산공립보통학교 30, 184
도쿄세이소쿠영어학교 42
도쿄세이소쿠예비교東京正則豫備校 41
동방문화사업위원회 177, 179
동양척식주식회사 48
동창東廠 177
동해송도원東海松濤園 144
두웨성杜月笙 160
둥비우董必武 168

ㄹ

란이서藍衣社 97, 159
레닌 69, 70, 156

레닌주의정치학교 95, 113
「레닌주의철학의 임무」 81, 156, 157
루쉰魯迅 126, 128, 129
「루쉰추도문魯迅追悼文」 128, 138, 155, 157
류태하柳泰夏 131
류호柳湖 112
리원치李文治 49
리위안훙黎元洪 177, 179

ㅁ

마르크스 156
마오쩌둥 170
「만등동산晩登東山」 163
『만몽일보滿蒙日報』 86
「말」 63~65, 185
먀오우루위안妙悟律院 102, 105
문길환文吉煥 112, 126, 131, 132
문명희文明姫 131
문선재文善在 94
민족유일당운동 48
민족혁명당 96, 120
민족협동전선운동 96

ㅂ

박건웅朴建雄 94, 113
박문희朴文熺 113, 123
박상진 21
박열朴烈 42, 44
박익제朴益濟 94
박준빈朴俊彬 112
박홍곤 44

박효삼朴孝三 94
배병현裵炳鉉 47
배천택 48
백기만白基萬 37
백의동맹白衣同盟 171
백학학원白鶴學院 35~41, 45, 75, 184
백홍白紅 94
번해량藩海亮 103
베이징대학 50, 51, 52
변용갑卞龍甲 74
보문의숙 29, 30, 184

ㅅ

산민주이리싱서三民主義力行社 97
「삼십절병원三十節病院」 117
서가중徐嘉中 112
서동일徐東日 48
서만달徐萬達 37
서병오徐丙五 24, 33, 80
서상일徐相日 45
서상한 44
서승효徐承孝 73
석보石輔 154
석정石正 112, 120
셰중융協中庸 117
손기채孫基彩 154
「손수레」 117
송기찬宋箕贊 154
순국당殉國黨 171
신간회 대구지회 46, 65~67, 73, 155
신간회 밀양지회 86
신병원愼乘垣 112

참고문헌 199

신봉길申鳳吉 70
신석초 34, 140, 146, 148, 149, 163, 164, 173
신세철申世澈 112, 113
신악 100, 114
신중배 126
신흥학교 85
쑨원孫文 52, 54, 93, 128, 170

ㅇ

『아인식적귀자병我認識的鬼子兵』 178
안광천 95
안동경안학원 90
안병철安炳喆 90, 103, 104, 112, 113, 132
안상덕安商德 38
안용락安庸洛 34
안일양安一陽 34, 172, 183
안창호 48, 93
야마시타山下 178
양검楊儉 94
양민산楊民山 112
양싱포楊杏佛 128
양전楊銓 128
양진곤楊振崑 101, 112, 117, 120
엄상섭嚴尙燮 74
엥겔스 156
여규진呂圭鎭 74
여운형呂運亨 142
「연인기戀印記」 27, 29, 82, 91, 123, 130, 164, 170
영도詠道 14
오균吳均 101

오세진吳世振 94
오재동吳在東 74, 154
「5중전회를 압두고 외분내열의 중국정정」 138, 157, 158
오창수吳昶洙 30
옥비沃非 151, 172
와세다대학 52
왕권王權 112
왕덕해汪德海 112
왕자량王子良 94
왕자오밍汪兆銘 158
왕진명王振鳴 112
왕현지王現之 100, 114
「위기에 임한 중국정국의 전망」 157, 159
위안스카이 177
유기민劉基敏 112
유복산劉福山 112
유원욱柳遠郁 94
유형일兪亨日 112
육사戮史 79, 81~83
육사肉瀉 79, 83
윤병은尹炳殷 154
윤봉길 97
윤세주尹世胄 72, 85~92, 103, 104, 108, 112, 113, 115, 121, 130, 163, 170, 185
윤의진尹義進 94
윤익균尹益均 112, 113, 117, 131, 132
「은하수銀河水」 28
의열단 43, 51, 72, 85, 86, 89, 90, 93, 95, 97, 103, 104, 113, 115, 121, 185
의화단 179
이가호李家鎬 19, 23

이갑기李甲基 70
이경순 44
이경식李京植 174
이관용李灌鎔 24, 131
이구李榘 14, 19
이구운李龜雲 19
이국필李國弼 62
이귀례 175, 177
이규호李奎鎬 172
이기영 44
이기환李箕煥 94
이남해李南海 112
이내성李乃成 62
이능식李能植 154
이덕후李德厚 47
이동녕 23
이동망 23
이동선 23
이동우李東雨 74, 154
이동탁 23
이동하李東廈 174
이동화李東華 100, 114, 117
이동환 23
이동휘 23
이란찬린怡然禪林 102, 105
이만도李晩燾 20
이명룡李明龍 146
이명석李命錫 37
이무용李懋庸 112, 126, 132
이민수李民樹 153
이백李白 150
이범조李範朝 74
이병각李秉珏 83, 145

이병희 167, 170, 173~177, 181, 182
이봉창 97
이상룡李相龍 21
이상조李相祚 154
이상호李尙鎬 29, 174, 176
이상호李相昊 131
이상화李相和 73, 77
이상흔李相欣 81, 87
이선장李善長 73, 74, 142, 154, 166, 167
이시카와 산시로石川三四郎 44
이식우李植雨 149
이영우李英雨 67, 79, 153
이옥비 31, 52
이와사 사쿠타로岩佐作太郎 44
이완李俒 49, 50
이우의李愚懿 94
이원李遠 112, 126, 167, 170, 174
이원기李源祺 22, 23, 60, 67
이원대李元大 177
이원록李源祿 75
이원발 29
이원삼李源三 66, 75, 76, 112, 134
이원일李源一 22, 23, 26~28, 33, 60, 68~70, 146, 163
이원조李源朝 9, 10, 22~27, 33, 71, 72, 163
이원창 23, 25, 175, 177
이원홍 23
이육사문학관 12, 17
이육사시고李陸史詩稿 34
이인李仁 42
이자중李自重 112
이정기李定基 37, 47, 49, 60

이종원李鍾元 94
이종화李鍾華 38
이준형李濬衡 21
이중규 29
이중렬 29
이중직李中稙 19
이중태 29
이중한 29
이진상李震相 39
이집중李集中 94, 100
이창하李昌河 112
이철호李哲浩 100, 112, 113, 117
이청천 125
이춘득李春得 154
이춘암李春岩 103, 104, 126
이충호李忠鎬 29
이태성李泰成 153
이혜숙李惠淑 23
이홍근 44
이화순李化淳 112, 113
이활李活 66, 70, 74~78, 81, 83, 84, 112, 134, 138
이황李滉 12, 14, 19
이회영 93
이휘빈李彙斌 19
임화林和 177

ㅈ

자경단自警團 42
「자연과학과 유물변증법」 81, 116, 137, 140, 157, 185
자오스강趙世鋼 89
자유청년연합회 171

장건상張建相 170
장상중 44
장석영張錫英 36
장수정張守正 112, 120
장쑤린張肅林 160
장인환張仁煥 73, 78
장제스 97, 98, 128, 158~160, 170, 185
장진산張振山 112
장진홍 22, 47, 50, 55, 57, 60, 61, 76, 104, 139, 185
저우언라이周殷來 168
전의창田義昌 94
「전조기剪爪記」 27
「절정絶頂」 151, 189
정인보鄭寅普 140
정일명鄭日明 112
조병건曺秉健 36, 40
조병렬曺秉烈 37
조병철曺秉哲 37
조선공산당재건동맹 95
조선공산당재건준비위원회 95
조선공산주의자협의회사건 87
조선독립동맹 167, 168, 169
『조선문인서간집朝鮮文人書簡集』 144
조선민족혁명당 96, 97
조선식산은행 48
조선의용군 167, 168~170
조선의용대 103, 120, 168, 169, 177
조선혁명군사정치간부학교 76, 81, 83, 86, 93, 96, 97, 104, 185
조선혁명정치군사간부학교 51
조양회관朝陽會館 45
조에이 이치로增永一郞 44

조열趙烈 112
조욱일曹旭日 34
조재만曺再萬 37, 49, 55, 60, 71, 72
조지훈 50
종연방직공장 174
「주난흥여酒暖興餘」 163, 170
중국공산당 168
중국국민당 159, 168
중국국민당 군사위원회 95, 97
중국국민정부 군사위원회 96
중국군사위원회 113
「중국농촌의 현상」 157, 161
「중국의 신국민운동 검토」 157
중궈대학中國大學 50~52, 185
『중외일보』대구지국 65, 71, 75
중산대학中山大學 50
지태선池泰善 112
「지하실」 117, 118
진가명陳嘉明 112, 120
진량성陳良誠 112, 120
진암陳岩 112
진우삼陳友三 112
진유일陳唯一 101, 112, 120
「질투嫉姤의 반군성叛軍城」 144

ㅊ

창유계暢幽契 171
천지당陳濟棠 158
「1934년에 임하야 문단에 대한 희망」 131
「1935년과 노불관계전망」 157, 162
「청포도」 151
최규종 44

최림崔林 94
최복동崔福同 113
최성장崔成章 112, 120
최성천崔聖天 38
최영택崔泳澤 94
최용崔鎔 146
최장학崔章學 112, 113
최창섭崔昌燮 74
「춘수삼제春愁三題」 83, 141
칠조회七鳥會 154

ㅋ

캉쩌康澤 117, 118

ㅌ

태극단太極團 171
텅제藤傑 97, 98
톈닝쓰天寧寺 100

ㅍ

「파리장서」 47
팔오사八五社 78
팡쥔方軍 178
펑궈장馮國章 120
필성초畢性初 100

ㅎ

하계마을독립운동기적비 12
하진동河振東 101
한국노병회韓國勞兵會 48, 93

한삭평韓削平 112, 120
한응렬韓應烈 154
한일래韓一來 114, 126
허규許珪 20, 71, 142, 144, 167
허길許吉 20
허발許坡 21
허병률許秉律 72~74
허웅배許雄培 22
허위許蔿 20, 21
허은許銀 20
허형許衡 20
협동학교協東學校 38
호영胡映 112
호평胡平 112

홍기문洪起文 24
홍진유 44
화북조선청년연맹 168
황육수黃毓秀 112, 120
황준량黃俊良 35
황진룡黃金榮 160
황푸군관학교 93, 94, 96, 97, 113
「황혼黃昏」 141
후스胡適 177
후한민胡漢民 158
흑도회黑濤會 45
흑우연맹 45
흑우회黑友會 43~45
히틀러 162

광야에 선 민족시인 이육사

1판 1쇄   2017년 12월 22일
1판 2쇄   2023년 10월 18일

글쓴이   김희곤
기 획   독립기념관 한국독립운동사연구소
펴낸곳   역사공간
         주소: 04000 서울시 마포구 동교로19길 52-7 PS빌딩 401호
         전화: 02-725-8806
         팩스: 02-725-8801
         E-mail: jhs8807@hanmail.net
         등록: 2003년 7월 22일 제6-510호

ISBN 979-11-5707-149-4 03900

• 잘못된 책은 바꿔 드립니다.
• 이 도서의 국립중앙도서관 출판예정도서목록(CIP)은 서지정보유통지원시스템 홈페이지 (http://seoji.nl.go.kr)와 국가자료공동목록시스템(http://www.nl.go.kr/kolisnet)에서 이용하실 수 있습니다.(CIP제어번호: CIP2017033601)

역사공간이 펴내는 '한국의 독립운동가들'

독립기념관은 독립운동사 대중화를 위해 향후 10년간 100명의 독립운동가를 선정하여, 그들의 삶과 자취를 조명하는 열전을 기획하고 있다.

001 근대화의 선각자 - 최광옥의 삶과 위대한 유산
002 대한제국군에서 한국광복군까지 - 황학수의 독립운동
003 대륙에 남긴 꿈 - 김원봉의 항일역정과 삶
004 중도의 길을 걸은 신민족주의자 - 안재홍의 생각과 삶
005 서간도 독립군의 개척자 - 이상룡의 독립정신
006 고종 황제의 마지막 특사 - 이준의 구국운동
007 민중과 함께 한 조선의 간디 - 조만식의 민족운동
008 봉오동·청산리 전투의 영웅 - 홍범도의 독립전쟁
009 유림 의병의 선도자 - 유인석
010 시베리아 한인민족운동의 대부 - 최재형
011 기독교 민족운동의 영원한 지도자 - 이승훈
012 자유를 위해 투쟁한 아나키스트 - 이회영
013 간도 민족독립운동의 지도자 - 김약연
014 대한민국 임시정부의 민족혁명가 - 윤기섭
015 서북을 호령한 여성독립운동가 - 조신성
016 독립운동 자금의 젖줄 - 안희제
017 3·1운동의 얼 - 유관순
018 대한민국임시정부의 안살림꾼 - 정정화
019 노구를 민족제단에 바친 의열투쟁가 - 강우규
020 미 대륙의 항일무장투쟁론자 - 박용만
021 영원한 대한민국임시정부의 요인 - 김철
022 혁신유림계의 독립운동을 주도한 선각자 - 김창숙
023 시대를 앞서간 민족혁명의 선각자 - 신규식
024 대한민국을 세운 독립운동가 - 이승만
025 한국광복군 총사령 - 지청천
026 독립협회를 창설한 개화·개혁의 선구자 - 서재필
027 만주 항일무장투쟁의 신화 - 김좌진

028 일왕을 겨눈 독립투사 - 이봉창
029 만주지역 통합운동의 주역 - 김동삼
030 소년운동을 민족운동으로 승화시킨 - 방정환
031 의열투쟁의 선구자 - 전명운
032 대종교와 대한민국임시정부 - 조완구
033 재미한인 독립운동의 표상 - 김호
034 천도교에서 민족지도자의 길을 간 - 손병희
035 계몽운동에서 무장투쟁까지의 선도자 - 양기탁
036 무궁화 사랑으로 삼천리를 수놓은 - 남궁억
037 대한 선비의 표상 - 최익현
038 희고 흰 저 천 길 물 속에 - 김도현
039 불멸의 민족혼 되살려 낸 역사가 - 박은식
040 독립과 민족해방의 철학사상가 - 김중건
041 실천적인 민족주의 역사가 - 장도빈
042 잊혀진 미주 한인사회의 대들보 - 이대위
043 독립군을 기르고 광복군을 조직한 군사전문가 - 조성환
044 우리말·우리역사 보급의 거목 - 이윤재
045 의열단·민족혁명당·조선의용대의 영혼 - 윤세주
046 한국의 독립운동을 도운 영국 언론인 - 배설
047 자유의 불꽃을 목숨으로 피운 - 윤봉길
048 한국 항일여성운동계의 대모 - 김마리아
049 극일에서 분단을 넘은 박애주의자 - 박열
050 영원한 자유인을 추구한 민족해방운동가 - 신채호
051 독립전쟁론의 선구자 광복회 총사령 - 박상진
052 민족의 독립과 통합에 바친 삶 - 김규식
053 '조선심'을 주창한 민족사학자 - 문일평
054 겨레의 시민사회운동가 - 이상재

055 한글에 빛을 밝힌 어문민족주의자 - 주시경
056 대한제국의 마지막 숨결 - 민영환
057 좌우의 벽을 뛰어넘은 독립운동가 - 신익희
058 임시정부와 흥사단을 이끈 독립운동계의 재상
　　- 차리석
059 대한민국임시정부의 초대 국무총리 - 이동휘
060 청렴결백한 대한민국 임시정부의 지킴이 - 이시영
061 자유독립을 위한 밀알 - 신석구
062 전인적인 독립운동가 - 한용운
063 만주 지역 민족통합을 이끈 지도자 - 정이형
064 민족과 국가를 위해 살다 간 지도자 - 김구
065 대한민국임시정부의 이론가 - 조소앙
066 타이완 항일 의열투쟁의 선봉 - 조명하
067 대륙에 용맹을 떨친 명장 - 김홍일
068 의열투쟁에 헌신한 독립운동가 - 나창헌
069 한국인보다 한국을 더 사랑한 미국인 - 헐버트
070 3·1운동과 임시정부 수립의 숨은 주역 - 현순
071 대한독립을 위해 하늘을 날았던 한국 최초의
　　여류비행사 - 권기옥
072 대한민국임시정부의 정신적 지주 - 이동녕
073 독립의군부의 지도자 - 임병찬
074 만주 무장투쟁의 맹장 - 김승학
075 독립전쟁에 일생을 바친 군인 - 김학규
076 시대를 뛰어넘은 평민 의병장 - 신돌석
077 남만주 최후의 독립군 사령관 - 양세봉
078 신대한 건설의 비전, 무실역행의 독립운동가
　　- 송종익

079 한국 독립운동의 혁명 영수 - 안창호
080 광야에 선 민족시인 - 이육사
081 살신성인의 길을 간 의열투쟁가 - 김지섭
082 새로운 하나된 한국을 꿈꾼 - 유일한
083 투탄과 자결, 의열투쟁의 화신 - 나석주
084 의열투쟁의 이론을 정립하고 실천한 - 류자명
085 신학문과 독립운동의 선구자 - 이상설
086 민중에게 다가간 독립운동가 - 이종일
087 의병전쟁의 선봉장 - 이강년
088 독립과 통일 의지로 일관한 신뢰의 지도자 - 여운형
089 항일변호사의 선봉 - 김병로
090 세대·이념·종교를 아우른 민중의 지도자 - 권동진
091 경술국치에 항거한 순국지사 - 황현
092 통일국가 수립을 위해 분투한 독립운동가 - 김순애
093 불법으로 나라를 구하고자 한 불교인 - 김법린
094 독립공군 육성에 헌신한 대한민국임시정부
　　군무 총장 - 노백린
095 불교계 독립운동의 지도자 - 백용성
096 재미한인 독립운동을 이끈 항일 언론인 - 백일규
097 재중국 한국인 아나키스트운동의 실천적
　　지도자 - 류기석
098 대한민국임시정부의 후원자 - 장제스
099 우리 말글을 목숨처럼 지킨 - 최현배
100 한국 독립과 동양평화의 사도 - 안중근
101 흔들리지 않는 한글 사랑 - 정태진